SEMINÁRIOS
Colette Soler

Adventos do real
Da angústia ao sintoma

Copyright © 2016 Éditions du Champ lacanien
Avènements du réel, de l'angoisse au symptôme

Texto original corrigido por Martine Menès e Nicolas Bendrihen.
Publicado com a devida autorização e com os todos os direitos, para a publicação em português, reservados à Aller Editora.

É expressamente proibida qualquer utilização ou reprodução do conteúdo desta obra, total ou parcial, seja por meios impressos, eletrônicos ou audiovisuais, sem o consentimento expresso e documentado da Aller Editora.

Editora	Fernanda Zacharewicz
Conselho editorial	Andréa Brunetto — Escola de Psicanálise dos Fóruns do Campo Lacaniano
	Beatriz Santos — Université Paris Diderot — Paris 7
	Lia Carneiro Silveira — Universidade Estadual do Ceará
	Luis Izcovich — Escola de Psicanálise dos Fóruns do Campo Lacaniano
Tradução	Elisabeth Saporiti
Revisão da tradução	Cícero Alberto de Andrade Oliveira e André Luiz Rodrigues
Capa	Rubens Lima
Diagramação	Sonia Peticov

2ª edição/ 1ª reimpressão
Outubro de 2022

Dados Internacionais de Catalogação na Publicação (CIP)
Ficha catalográfica elaborada por Angélica Ilacqua CRB-8/7057

S672a
  Soler, Colette, 1937–
  Adventos do real: da angústia ao sintoma / seminários de Colette Soler; tradução de Elisabeth Saporiti. — 2. ed. — São Paulo: Aller, 2021.
  256 p.

  ISBN: 978-65-87399-19-5
  ISBN: 978-65-87399-20-1 (livro digital)
  Título original: *Avènements du réel, de l'angoisse au symptôme*

  1. Psicanálise 2. Fobias 3. Sintomas (Psicanálise) 4. Angústia I. Título
  II. Saporiti, Elisabeth

21-1993   CDD 150.95
                                                                  CDU 159.964.2

Índice para catálogo sistemático
1. Psicanálise

Este livro foi impresso em maio de 2021 pela Gráfica Paym para Aller Editora. A fonte usada no miolo é Petersburg corpo 11.

Publicado com a devida autorização e com todos
os direitos reservados à Aller Editora.

Rua Havaí , 499 – Sumaré
01259-000 São Paulo S.P.
Tel: (11) 93015.0106
contato@allereditora.com.br
Facebook: Aller Editora

Sumário

Prefácio — 5

UM 18 de novembro de 2015 — 15
De que temos medo? — 15
Situação de perigo — 19
Corpo sem armadura — 27

DOIS 9 de dezembro de 2015 — 34
Histórias de corpo — 34
Transcendências minúsculas — 39
Brincar com o medo? — 43
Pesadelos — 48

TRÊS 6 de janeiro de 2016 — 55
O umbigo em ação — 55
O Outro falta — 63
Tigre de papel — 67
As lições da fobia — 71

QUATRO 20 de janeiro de 2016 — 79
Sobre o significante — 80
Os pais do seminário 7 — 83
O pai e o falo — 89

CINCO 3 de fevereiro de 2016 — 103
Primeiro "advento do real"? — 104
O significante da fobia, sua função — 107

SEIS 17 de fevereiro de 2016 — 122
Comentários — 122
Nova abordagem — 128
"A natureza do falo" — 131

SETE 9 de março de 2016 — 144
Hans, heterossexual? — 146
A fobia e a estrutura clínica — 151

OITO 23 de março de 2016 — 161
A fobia, vigia do inconsciente — 162
"Nascimento do Outro" — 165
Não era uma metáfora — 172
O Um e o a — 174

NOVE 6 de abril de 2016 — 180
Estrutura furada — 181
Anaclitismo e perversão — 186
Outra fobia — 190

DEZ 18 de maio de 2016 — 200
Ir mais adiante — 200
O gozar e o inconsciente — 203
A significação do falo revisada — 206
Uma transferência de gozo — 209

ONZE 25 de maio de 2016 — 217
Saber e poder — 217
Pânicos — 222
Perigos e recursos — 227

DOZE 8 de junho de 2016 — 235
Os adventos do real — 235
"Os acessos ao real" — 236
Outros adventos do real — 240
Não sem o gozo — 243
A ciência "impossível" — 245
Estrutura dos adventos do real — 248

Prefácio

Acompanhar o pensamento de Colette Soler implica segui-la em suas perguntas acerca do tema que se propõe a debater. Trata-se de aberturas em conceitos e noções que já foram tão repisados a ponto de ser possível pensar não haver mais o que discutir. No caso deste livro, podemos nos perguntar: o que mais há para se dizer sobre a fobia? O caso Hans, trabalhado por Freud e posteriormente por Lacan, acabou se tornando paradigmático da fobia infantil na psicanálise, dando a impressão de ser um tema, digamos, já bem resolvido. Pois bem, há mais a dizer, há questões em aberto, é o que prova a autora em sua abordagem do tema, fazendo um resgate das diferenças entre as leituras de Freud e de Lacan e, mais especificamente, as contribuições deste último em momentos diversos de sua teorização, no contexto de sua própria discussão sobre a fobia e o pânico no escopo dos "adventos do real". Ela traz ainda as contribuições tardias de Lacan e, desse modo, amplia o alcance do debate sobre a fobia.

Soler faz um percurso não linear e não cronológico — mas lógico — em seu livro. Leva em conta a abordagem mais conhecida da fobia, a do seminário de 1956, sobre a relação de objeto, na qual ganha o estatuto de formação homóloga à metáfora paterna, até a proposta da fobia como "placa giratória", em 1969. Esta última retira a fobia da categoria de estrutura clínica, uma vez que ela se configura como uma placa giratória entre a histeria e a neurose obsessiva. Tal mudança de entendimento estaria ligada a uma redefinição do próprio inconsciente e do simbólico. A proposta lacaniana de redefinição do simbólico, presente em 1968 no seminário *De um Outro ao outro*, apresenta os significantes como ordem numérica. Esse novo aporte — juntamente com a formulação do objeto *a* (que vinha sendo elaborado desde o seminário 10) e a contribuição de "O ato analítico — resumo do seminário de 1967-1968", que inclui mudanças no entendimento das relações entre saber, inconsciente e sujeito — permite uma abordagem da fobia na qual a questão da metáfora paterna perde terreno para a ordem numérica. Na série numérica dos traços unários, tal como proposta por Lacan, Soler indica que a fobia vem a ser o primeiro Um do inconsciente (aula 8). Nas palavras da autora: "Em 1969, a fobia é o primeiro traço unário, significante fundador do Outro, lugar do saber, que, no *Resumo*, Lacan vai qualificar como sendo o 'inconsciente sem sujeito'[...]".

Embora a fobia seja o mote da discussão sobre os adventos do real, Soler não se restringe à neurose. Na verdade, esse debate lhe permite, por exemplo, reconsiderar a presença do falo na psicose, como encontramos na quarta aula do seminário, e formular que a existência ou não da fobia na psicose depende do modo como se define a psicose. Essa definição pode ser feita de modos diversos, como Lacan nos ensina no seminário 3, sobre as psicoses, em 1955, e no seminário 23, sobre Joyce, já em 1976. São aportes como esses que mostram uma clínica desapegada de dogmatismos da teoria e, mesmo assim, rigorosa em suas afirmações. A perversão também comparece ao debate, a partir de interrogações sobre a fobia.

A autora convida o leitor a refletir, a acompanhá-la no percurso por inúmeras questões ligadas ao tema da fobia que versa sobre os adventos do real, em especial no que diz respeito à angústia e ao sintoma — a fobia funcionando aqui como um articulador dos dois, ou melhor, como uma resposta a um advento do real. A que veio responder a fobia em determinado caso? A fobia faz função? Quais são as marcas das contingências que a determinaram no sujeito? Há diferença entre medo e fobia? E entre pânico e fobia? Essas e outras perguntas apontam vias de pesquisa que podem esclarecer posições do sujeito, escolhas, formas de gozo, e auxiliar a circunscrever o campo próprio da fobia, elucidando aquilo que diz respeito ao medo sem ser parte do campo da fobia.

Longe de respostas simples, a autora desdobra as questões que propõe, em um exercício que inclui rigor e precisão teóricos cujos efeitos são, bem sabemos, sentidos nas formulações clínicas. Aqueles que se debruçam sobre a teoria e a clínica psicanalíticas sabem que a busca por precisão no que tange à teoria não é mero diversionismo, mas fruto do desejo de conduzir tratamentos psicanalíticos de acordo com a ética da psicanálise até seu termo. Se a análise opera um tratamento do real, é preciso levar em conta a solução do sujeito para lidar com o real antes da análise, ou melhor, antes de concluí-la. As estratégias, os cálculos, implicam uma criação do sujeito, como evoca a autora ao se referir ao significante do medo de Hans, os cavalos. Esse aporte do sintoma é eticamente orientado, na medida em que o toma como produção do sujeito. A análise não prescinde de um percurso por essa criação, pelas contingências que se impuseram àquele que a criou, pelas soluções que o sujeito foi capaz de oferecer para sua existência, ao mesmo tempo em que aponta para um outro tratamento possível do real.

A palavra "advento", em português, evoca, por um lado, aquilo que surge, que aparece. Por outro, aquilo que principia, que se constitui. Na última aula, a autora fundamenta sua escolha por esse termo e situa sua importância no que tange aos três registros da tópica lacaniana. Colette Soler abre seu seminário sobre os adventos do real com uma pergunta aparentemente simples mas extremamente precisa quando se aborda o tema do real, da angústia e do sintoma: de que temos medo? Esse é o ponto de partida para uma discussão lúcida e rigorosa que diferencia elementos da teoria eventualmente tratados como sinônimos. Pânico é diferente de fobia: "um pânico desorganiza, desfaz as regulações de um funcionamento prévio ordenado [...] Ele é sinônimo de descontrole extremo e desorganizador" (aula 1). Diferente disso, a fobia é um organizador, como Soler demonstra ao retomar elementos do caso Hans. A fobia funciona como uma proteção quando Hans não encontra lugar no Outro para uma eclosão em seu corpo: é a proposta de Soler com Lacan.

Aliás, é sempre bom lembrar, o corpo a que se refere Soler não é o orgânico, mas aquele que é atingido pelos adventos do real: "A única coisa com a qual a psicanálise se afronta propriamente é aquilo a que Lacan chama no final de 'o acontecimento de corpo, não é acontecimento do sujeito, mas do corpo que ele tem, e não que ele é — o evento de gozo do corpo que também é do real" (aula 1). O corpo, nessa acepção, ganha relevo na pena de Soler. Ela retoma desde o medo causado pelo terror na acepção da ameaça ao corpo — faz menção aos atentados em Paris, em 2015, logo no início do texto, evento que antecedeu em poucos dias o seminário que resultou no presente livro — até o debate sobre as migrações e suas causas, ligadas às ameaças ao corpo na atualidade (aula 2), mas principalmente centra seus esforços na reflexão sobre o "modo de gozar fixado para cada sujeito". Essa modalidade de gozo é da ordem do "acontecimento de corpo". Tal precisão coloca a importância do corpo também em sua vertente real, uma vez que se trata do modo como esse corpo goza. É desde esse enfoque e com um conhecimento extenso das obras de Freud e de Lacan que a discussão do tão debatido caso Hans ganha um relevo pouco comum aqui.

A fobia de que trata a psicanálise, por seu turno, não é a mesma que designa o termo em sua acepção comum ou psiquiátrica: "agorafobia, claustrofobia, zoofobia, fotofobia, fobias escolares... Hoje em dia, entretanto, se faz muitas vezes um uso bem vago do termo, como quando se diz de alguém que ele ou ela é um pouco fóbico. Fobia, então, se confunde com as condutas para se evitar algo" (aula 1). Assim, Soler reapresenta a importância de precisar do que se trata quando nos referimos, em psicanálise, à fobia. Ao interrogar o que é o medo, a autora conduz o leitor pelos medos, no plural. Se o medo é um, suas declinações são múltiplas. Analisando suas incidências, ficamos sabendo que o medo de si não é uma oposição ao medo do Outro. A característica de extimidade do medo permite evocar a banda de Möebius e o *cross cap* para indicar a subversão das relações direito/avesso e dentro/fora (aula 1). A evitação do medo não é a única possibilidade, como indica a autora ao apontar uma certa tendência a se brincar com o medo, "um divertimento no sentido preciso daquilo que nos desvia da preocupação com a realidade" (aula 2). A proximidade com o perigo pode cumprir a função de funcionar como "um suporte do desejo, um *ersatz*, como dizia, para iludir a vacuidade" (idem).

Ainda tratando das emergências do medo, a autora aborda o pesadelo, produção efêmera do inconsciente na qual se apresenta "um medo que confina uma 'atroz certeza'" e que é uma tentativa de "representar, dar cara à coisa" (aula 3). O caso da pequena Piggle, de Melanie Klein, comparece no texto de Soler, bem como um pesadelo bíblico, evidenciando como "... o pesadelo faz consistir o Outro por meio de um objeto fantasmático" (aula 3), objeto que ocupa, preenche a falha do encontro com o Outro. Diferente desses casos, há os sonhos traumáticos referidos por Freud em "Além do princípio de prazer" (1920), que Soler retoma a partir da experiência de Primo Levi e do "viver sem repouso, fora do princípio de prazer, viver uma vida da qual não se pode escapar por meio de nenhum sono" (aula 3).

É possível dizer que, se o pesadelo não é sintoma, "nunca se faz uma análise sem levar o sujeito a seus pesadelos favoritos" (aula 3). Bem, se a angústia produz os pesadelos, o sintoma é um modo de lidar com a angústia, e aqui reencontramos a fobia. Tomar a fobia como sintoma implica que não se trata de uma estrutura clínica, como indicou Lacan em "Subversão do sujeito", afirmando que a fobia seria uma placa giratória entre a histeria e a neurose obsessiva. Caracterizada como sintoma, a fobia se orienta pelo medo ao objeto fóbico. Desse modo, verifica-se um antagonismo entre os afetos do medo e da angústia: enquanto esta última se refere a um perigo enigmático — tal como o que encontramos em nossos consultórios muitas vezes sob o nome de "crise de pânico" —, a fobia tem um objeto bastante específico. É por essa razão que Soler dirá que "a fobia já é um tratamento da angústia [...]. É um sintoma que trata a angústia, substituindo-a por um significante que dá medo, e o medo já é mais tranquilizador" (aula 3). A fobia é, então, a criação de um significante que não veio do Outro, "o *ex nihilo* do significante" (idem). Na sexta aula, ela precisa: "Não se pode dizer que, no nível formal, o significante seja produzido pelo sujeito, mas a função significante dada a esse objeto procede da eficácia do sujeito".

Ainda assim, a questão do significante Nome-do-Pai aparece na fobia, como já indicava Lacan no seminário sobre a relação de objeto, no qual também trabalha a fobia desde o caso Hans. A autora retoma as diferentes incidências do pai e do complexo de castração em suas articulações com o ser sexuado, e evidencia questões ligadas à normatização da sexualidade, que ganham, nos dias de hoje, outro relevo. "Vejam o que isso parece implicar, que para que um homem tenha relações sexuais com uma mulher, não uma qualquer ou as mulheres, mas a sua mulher, é preciso que o pai tenha tido relações sexuais com a sua, a mãe da criança. Um pouco problemático, até mesmo cômico isso visto hoje, não?" (aula 4). Assim, a autora evidencia uma questão que concerne à psicanálise e aos psicanalistas de modo extremamente atual, embora não seja nem um pouco nova: o que a psicanálise pode dizer sobre a sexualidade? Essa pergunta ganhou outro relevo e outro contexto principalmente na última década, com a propagação das chamadas teorias de gênero, e isso não escapou a Soler (aula 12).

Ela não recua frente a essa problemática e avança indicando o advento do real que desencadeia a fobia de Hans: suas primeiras ereções são recebidas pelo Outro materno com a expressão de que "isso é uma sujeira". Esse advento, ou primeiro gozo, não encontra, portanto, lugar no Outro, ou só encontra lugar como "sujeira". Nesse contexto, a fobia funciona como "um apoio do desejo e que ela evita assim a aniquilação narcísica" e também "responde à 'ameaça do desaparecimento do desejo' num sujeito reduzido à função de objeto" (aula 5). Desse modo, a fobia "faz suplência ao significante elidido, o falo". Se o cavalo surge no lugar desse falo simbólico, Soler nos recorda de que, ao fim do seminário 4, o cavalo é o pai de substituição: "o cavalo da fobia é uma mediação metafórica de substituição" (aula 5) que terá assim o efeito de castrar a mãe.

Nas palavras da autora, "Lacan avança, portanto, dizendo que a fobia faz suplência à metáfora faltante, aquela que, por carregar a castração materna, libera o filho, e ele escreve isso como uma suplência da metáfora paterna escrita anteriormente" (aula 5). Em suma, ela dirá que, no seminário 4, o sintoma fóbico é uma solução à falta da metáfora e que esse aporte da fobia se integra bem à ideia lacaniana formulada em "A instância da letra" de que o sintoma é uma metáfora. Por outro lado, não é trivial falar em suplência. Menos ainda dizer que é um sintoma que opera essa suplência. Nesse caso, trata-se de uma metáfora bem específica: do pai. Isso distingue o sintoma fóbico dos sintomas da neurose obsessiva e da histeria, para além de sua função de suplência. Cito: "Evidentemente, o elemento faltante a que o sintoma faz suplência não é a relação sexual, estamos ainda a léguas de distância desta noção; o elemento pensado como faltante é a solução esperada do Édipo quanto à castração materna, e a fobia, consequentemente, é concebida como uma metáfora em imagem, produzindo um homólogo da significação da castração materna sob a forma de uma queda, do objeto que se perde" (aula 5).

Em suas aproximações e discernimentos, que tomam diferentes momentos do ensino de Lacan, Soler evoca o *troumatisme*, proposta lacaniana que coloca o furo (*trou*) em articulação com o traumático; Hans poderia ser considerado um pequeno *troumatisé*. Todavia, ela mostra por que não seria preciso dizer isso, fazendo uma interessante diferenciação de três modalidades do vazio: a falta (*manque*), o furo tal como abordado no seminário sobre a transferência, e o abismo. No caso de Hans, "[...] não se trata de uma falta constituinte do sujeito, mas do fato de que esse sujeito está em falta de gozo [...]. Essas precisões sobre as diversas faltas permitem esclarecer as fórmulas um pouco paradoxais do início, com relação a Hans" (aula 6). Lembremos que a falta de gozo aqui diz respeito à falta da mãe, à sua castração. É na esteira desse debate que a autora faz uma precisão e evoca um neologismo criado por ela para se referir a Hans: *trop* (demasiado, excessivo) -*matisme*. Também vale indicar, como a autora lembra mais à frente (aula 6, discussão), que a falta supõe a linguagem, não há falta no imaginário nem no real. Nesse sentido, ainda que aborde os adventos do real, afirma que "a fobia é um advento simbólico." Frente à falta do significante do gozo da mãe, encontramos tanto a fobia quanto o fetiche, como já indicara Lacan no seminário sobre a relação de objeto — e a autora também incursiona por essa posição frente à falta materna, indicando que "a fobia imobiliza, faz parar numa linha fronteiriça, o fetiche anima, coloca a divisão do sujeito em ação. Essa observação deveria nos incitar a buscar o fetiche mesmo nos não fetichistas" (aula 6). Tal afirmação se ampara no fato de que há uma "perversão generalizada" da sexualidade, referida por Lacan em "Televisão". O fetiche seria, segundo ela, uma solução mais eficaz do que aquela encontrada na fobia frente ao abismo, ou seja, a ausência de um significante daquilo que falta.

Por fim, vale indicar que, se escolhe falar da fobia através dos adventos do real, Soler deixa claro que o gozo tem nela um papel nada desprezível. De modo coerente com o movimento do pensamento lacaniano e com as contribuições pós-1968 (*De um Outro ao outro*), ela conduz o leitor a um entendimento da fobia permeado por tais contribuições, o que sem dúvida tem consequências clínicas importantes.

CLARISSA METZGER[1]
São Paulo, fevereiro de 2018

---

[1]Psicóloga, psicanalista, professora do curso de Psicologia da Pontifícia Universidade Católica de São Paulo (PUC/SP) e membra da Escola de Psicanálise dos Fóruns do Campo Lacaniano (EPFCL) e do Fórum do Campo Lacaniano de São Paulo (FCL-SP).

UM

18 de novembro de 2015

De que temos medo?

Para tratar de nosso tema, "fobia e pânicos", escolhi hoje — de uma forma um pouco deslocada com relação ao que havia anunciado no que se refere aos "adventos do real" — como título "De que temos medo?". Ainda assim, é uma extraordinária coincidência que eu comece este trabalho há menos de uma semana dos últimos atentados de Paris[1]. Para muitos, foi uma noite de pânico, mas é claro também que esses atentados deixam subsistir um espanto e uma angústia que não são apenas de alguns, mas um medo compartilhado, e é possível prognosticar que as consequências serão enormes. Aliás, é próprio de um acontecimento marcar uma descontinuidade. Ademais, não se trata sequer de um prognóstico, é já o caso, e tanto a psicanálise quanto o campo social estão ambos concernidos, e somos remetidos a uma questão que existe desde sempre, e não apenas para a psicanálise, a da angústia, das diferentes conjunturas em que ela pode aparecer.

---

[1] Nota da tradutora: Referência aos ataques terroristas realizados pelo Estado Islâmico em Paris, em 13 de novembro de 2015, ocasionando a morte de mais de 180 pessoas e deixando mais de 350 feridos.

Nosso título inscreve a dissimetria entre os dois termos. Nele, a fobia está no singular para fazer referência à história da psicanálise, que dela faz um sintoma organizador do campo libidinal de um sujeito particular, um sintoma que tem uma função particular e que deve ser reinterrogado, penso eu. Os pânicos, ao contrário, estão no plural, pois um pânico obedece à temporalidade do acontecimento inesperado que atinge um indivíduo ou um grupo. No nível coletivo, a causa dos pânicos é sempre da ordem do acidente; na multidão, o desaparecimento do chefe, dizia Freud; para nós, os atentados-surpresa e, no entanto, anunciados: os acidentes técnicos, ferroviários, os acidentes de gestão das massas nas peregrinações, por exemplo. É notável que a noção tenha aparecido no início do século passado, com a Segunda Guerra Mundial. A expressão, desde então frequente, "crise de pânico" é cada vez mais utilizada e, inclusive, tende a substituir a de crise de angústia. Observo que existe uma evolução no uso e nas conotações dos dois termos, e ela é, sem dúvida, significativa. O termo "pânico" está sendo mobilizado em campos cada vez mais diversos: pânico dos mercados financeiros, pânico na massa de peregrinos, mas pânico individual em situações muito diversas e, por vezes, até mesmo bem inofensivas. Acredita-se ter-se perdido as chaves ou o celular, e aí entra-se em pânico, diz-se, "tive um momento de pânico". O traço comum em todos os casos é que um pânico desorganiza, desfaz as regulações de um funcionamento prévio ordenado, seja ele das finanças, das multidões diversas, ou das intenções e pontos de referência individuais. O termo vem do deus Pan, "que passava para perturbar, amedrontar os espíritos". Ele é sinônimo de descontrole extremo e desorganizador.

18 DE NOVEMBRO DE 2015

Aliás, foi refletindo sobre o pânico que compreendi uma observação de Lacan que me parecia um pouco surpreendente. Em sua conferência sobre o sintoma, de 1975, em Genebra, ele ressalta que o inconsciente de Freud não é o não consciente, e acrescenta que o que há de consciente na consciência consiste em "gozar de um saber". Creio que, nesse caso, é preciso entender *gozar* no sentido de dispor, como quando dizemos gozar de um bem. Mas e quanto ao saber em questão? É talvez justamente aquele que o pânico suspende, tudo o que você sabe que constitui sua realidade, com as coordenadas de lugar, tempo e identidade que são inerentes à consciência que se tem de si mesmo. Existe uma particularmente importante com relação ao tempo: é que, com efeito, a consciência sempre caminha paralelamente a uma antecipação subliminar daquilo que vai se seguir ao momento presente. Ora, o acontecimento que leva ao pânico pulveriza precisamente esse saber que lhe conferia segurança, e esses são, pois, os sentimentos de pavor, de espanto, de terror, de horror. Não faltam termos para falar do medo pânico provocado por um acontecimento acidental, imprevisto. Por essa razão, na psicanálise temos que lidar pouco com isso, e tratar-se-á de uma questão de saber o que, sobre isso, podemos dizer que venha da experiência analítica. Sem dúvida, recolhemos eventualmente o testemunho de momentos de pânico que o sujeito experimentou; eles podem ser interrogados, mas o dispositivo analítico, que assegura ao sujeito um laço social regrado, não precário, é pouco propício à temporalidade dos afetos de pânico, e quando o pânico está aí, ele tem, antes, como efeito, interromper por um momento o trabalho analisante. O mesmo não acontece com a angústia, evidentemente.

A fobia, por outro lado, como sintoma, é uma noção analítica que foi diagnosticada e estudada pela psicanálise. É até mesmo o sintoma maior, quase inevitável, da primeira infância, e uma "placa giratória" segundo Lacan. Mas aqui também se percebe algumas modificações, alguns analistas chegam até mesmo a se perguntar se ainda existem fobias. No entanto, um bom número de fobias foi recenseado — agorafobia, claustrofobia, zoofobia, fotofobia, fobias escolares etc. — para designar medos irracionais, subjetivos. Hoje em dia, entretanto, se faz muitas vezes um uso bem vago do termo, como quando se diz de alguém que ele, ou ela, é um pouco fóbico. Fobia, então, se confunde com as condutas para se evitar algo. Paralelamente, o termo saiu da psicopatologia, e seu sentido se modifica na medida em que se aplica mais aos fenômenos de sociedade, como os das ditas homofobias ou islamofobias. O termo *xenofobia* apareceu no contexto do caso Dreyfus e é atribuído a Anatole France. Vemos a evolução do sentido. Originariamente, as fobias se apresentavam como medos, temores aparentemente imotivados, de um objeto ou de uma situação que não comporta um perigo real: fobias de certas imagens, de animais que não se encontram mais na realidade, espaços por demais vastos ou confinados (agora ou claustrofobia) etc. Quando se fala, então, em homofobia, o que se quer dizer? Apreende-se que nesses casos a reação fóbica é quase sinônimo de reação de ódio para com esses objetos, dos quais nossa língua diz tão bem que não podemos suportá-los[2], que não podemos nem os ver. Digo *ódio,*

---

[2] Nota da tradutora: Em francês, "ne pas pouvoir les souffrir" [não suportá-los, detestá-los].

mas, ainda assim, trata-se de um ódio que não se confessa, renegado, diagnosticado pelo outro na maioria das vezes, um ódio que dá a si mesmo razões, boas razões, como a proteção da família no caso da homofobia, ou da segurança na islamofobia etc. Às vezes, tenho a impressão de que, nas regiões em que predomina o cristianismo, é o amor obrigatório ao próximo que força o ódio a criar um álibi com o medo e a brandir os supostos perigos para se disfarçar de prudência. Em todo caso, esse fenômeno presentifica a questão da relação entre o medo e o ódio.

Ao escolher o título "De que temos medo?", evidentemente postulo que um medo está na origem da fobia e dos pânicos. Curiosamente, um colega que se interrogava sobre o que leva alguém a uma análise lembrou que Lacan uma vez havia dado uma resposta curiosa: o medo. A fórmula não é banal. Menos banal do que aquela que se repete à saciedade e que diz que é o sofrimento que leva alguém para a análise. Esse é um bom termo, ele combina com o que Freud propõe como causa da primeira experiência traumática de angústia, a saber, um perigo. O termo é, ao mesmo tempo, expressivo e vago, há um número grande de perigos possíveis para o corpo e para o sujeito. Dizemos que as crianças não têm senso de perigo. Isso é verdade no que diz respeito ao corpo, mas, por outro lado, elas podem muito cedo ter medo do Outro, da sua voz, do seu olhar, ao menos se não for medo do escuro, onde não há mais pontos de referência. Onde estão, pois, os perigos e a que eles visam?

Situação de perigo

Se acreditamos em Freud, em "Inibição, sintoma e angústia", as situações de perigo são sempre situações diante das quais o indivíduo está ou esteve sem recursos. O recurso mais primitivo é a fuga, quando se trata de um perigo exterior; há um pavor da fuga impossível diante de algo irremediável, como, por exemplo, a aniquilação nos atentados, catástrofes naturais, um tsunami, uma erupção vulcânica súbita etc. O perigo interno é diferente: é, antes, a intensidade da excitação pulsional ou dos desejos dos quais não há forma de fugir, e que, muitas vezes, não podem ser satisfeitos sem provocar retaliações inevitáveis da realidade, as quais não poderão ser evitadas.

Assim, os medos são múltiplos: de início, há o medo de si, como vemos de forma clara nas fobias de impulso, medo do irreprimível, do impossível de ser contido. Mas qual é esse "si" que se teme? O medo de si é sempre, em última instância, um medo de algo êxtimo, algo que divide você e que, em última instância, vem do corpo, as excitações, os desejos, as pulsões, os sintomas, em suma, os gozos com suas consequências possíveis, muitas vezes indesejáveis. Essa é toda uma parte de nossas questões deste ano. E, além disso, há o medo dos outros, quando eles representam um perigo, do qual os atentados nos dão uma experiência atualizada. O medo que inspiram os terroristas, contudo, difere, apenas pela amplitude e alcance político, do caso mais conhecido dos diversos delinquentes, dos psicopatas, dos doentes mentais, todos esses sujeitos que dizemos ser perigosos e dos quais as instituições do Estado, como a polícia e a psiquiatria, se ocupam. E, depois, há aquilo que inspira o Outro, com maiúscula. Esse é o mais conhecido na psicanálise, aquele sobre o qual Lacan muito insistiu em seu seminário *A angústia*. Ora, a partir do momento em que se fala do

Outro, com maiúscula, isto é, daquele que fala e cujo desejo faz questão — no seminário, a imagem do louva-a-deus é seu paradigma —, o Outro da linguagem, suposto pela fala, é igualmente convocado. Por isso, não se pode mais pensar os dois tipos de perigo, como fez Freud, distinguindo aquilo que vem do interior e aquilo que vem do exterior. Com efeito, o Outro da linguagem, que precede o sujeito e que o acolhe em seu banho, exterior portanto, é também constituinte do próprio sujeito, ele é sua outra cena. Não se pode mais dizer que ele é exterior ao sujeito. Desse modo, o desejo, por exemplo, é encontrado na fala do Outro, mas o próprio sujeito "deseja enquanto Outro". Para tudo aquilo que fala, a tópica dentro/fora se mostra insuficiente. Lacan insistiu bastante sobre isso e substituiu-a por duas figuras topológicas — a banda de Möebius e o *cross cap* — que, de certa forma, subvertem as relações direito/avesso, dentro/fora. A tal ponto que é possível dizer ainda que medo de si e medo do Outro, que acabo de distinguir, são apenas as primeiras aproximações, pois elas não se encontram em oposição binária.

Será ainda preciso acrescentar um medo real da natureza? Este último parece estar crescendo em nossa época, com as preocupações com as doenças, mas também com o clima e as catástrofes que aconteceram ou que são anunciadas. Existe uma sutileza, pois consideramos muitas vezes a natureza como um Outro, com maiúscula; outrora, teríamos dito que a personalizamos, inclusive, fala-se da mãe natureza, a que Rimbaud evoca em seu poema, para que ela embale seu *Adormecido do vale*. Aquela mesma que também suscita em certas pessoas o famoso "sentimento oceânico", o qual deixa Freud tão desconcertado e que, creio eu, supõe confundir a chamada natureza com um Outro benevolente, quando não com o deus do amor.

É porque, notava Lacan, não conseguimos deixar de pensar que as coisas — não apenas as de nosso mundo social, mas as da dita natureza — são "tramadas", em outras palavras, que o fora de sentido do acaso não existe, e que a própria desgraça, da doença ou dos acidentes da vida, tem um sentido, quer seja o da punição, quer seja o da perseguição por um Outro obscuro.

Freud se deteve nesse fato e explica que decorre de, no inconsciente, a sorte, o acaso e, especificamente, a má sorte representarem a instância parental, ou seja, aquilo que desde Lacan chamamos de Outro. É preciso acrescentar, hoje, que a má sorte não engendra apenas a culpa, ela suscita também as acusações paranoides e as posturas de vítima: o Outro, social desta vez, não fez aquilo que devia fazer, não detectou o terrorista escondido sob o cidadão tranquilo, ele deveria ter previsto o tsunami, a erupção do vulcão etc., ele deve ressarcir. Vejam o contraste disso com os imensos debates que, no século XVIII, sobrevieram ao tremor de terra que aniquilou a cidade de Lisboa. Não se interrogava sobre o Outro social, mas sobre a responsabilidade eventual dos pecadores que, por causa de suas más condutas, teriam suscitado a cólera do próprio Deus. O procedimento é o mesmo. Em todos os casos, sob formas diversas, a resposta à sorte, por mais sem sentido que seja, convoca o Outro. Pequeno caso clínico que tem toda importância, pois deveria nos impedir de pensar que todos os acidentes da vida, que eventualmente fulminam o indivíduo, sejam sempre do real, por vezes, o Outro se esconde atrás do que advém de mais insensato.

Desenvolvi isso por ocasião da jornada de abertura do Colégio Clínico, depois de ter, durante um ano inteiro, falado de uma angústia que não existe sem o Outro, que responde ao desconhecido que é o desejo de gozo do Outro, na medida em que eles me visam como objeto. Lacan chegou a dar outra fórmula a isso: "a angústia, afeto-padrão de todo acontecimento de real"[3]. Trata-se, pois, do real em sua maior opacidade, definido como fora do simbólico e fora do imaginário, um real sem o Outro e do qual será necessário estudar o estatuto possível. Quando Freud, em "O mal-estar na civilização", notava uma dupla origem da angústia, dizendo que "no indivíduo o medo é provocado seja pela magnitude de um perigo, seja pela cessação dos laços emocionais"[4], ele se aproximava de uma tal distinção. O caso da suspensão dos laços afetivos é o que ele havia estabelecido para o pânico produzido na multidão que se desfaz, o que supõe justamente que os laços, que evidentemente não existem sem o Outro, devem ser colocados na conta daquilo que ele chama, em outro lugar, de os recursos do indivíduo diante do perigo. Sabemos como ele descreve a verdadeira experiência traumática, como sendo a de um sujeito exposto, sem ter a quem recorrer, a um perigo real. O sem ter a quem recorrer diz respeito à criatura abandonada à *Hilflogiskeit*, à aflição, *helplessness*, desamparo. Isso nos convida a distinguir dois estratos

---

[3]LACAN, J. (1974) A terceira. Inédito.
[4]FREUD, S. (1921) Psicologia de grupos e análise do ego. In: *Edição standard brasileira das obras psicológicas completas de Sigmund Freud. Além do princípio de prazer, psicologia de grupo e outros trabalhos (1920-1922)*. Direção de tradução de Jayme Salomão. Rio de Janeiro: Imago, 1996, v. XVIII, p. 61.

do medo: a angústia do Outro e a da falta do Outro, nos dois casos no sentido objetivo do "de" — angústia diante do Outro, angústia da ausência do Outro. E quando ele falta, trata-se de inventá-lo. É por isso que dei, há um bom tempo, uma pequena contribuição, um texto intitulado "O apocalipse". Nele, tomei "apocalipse" no sentido banal, o momento em que a justiça divina vai ser exercida como castigo dos pecadores, "O apocalipse... ou pior". É preciso acrescentar que, para Freud, que evidentemente não fala nos mesmos termos que Lacan, o real sem Outro é o real da pulsão. Por fim, ele marcou que há dois estratos do traumatismo — o do encontro falho com o Outro, que é o de toda criança, o qual ele descreve, embora em outros termos, no início de "Além do princípio do prazer", onde não deixa de insistir na transferência. É uma experiência na qual a criança experimenta um Outro — os pais, diz Freud —, um Outro que faz falta triplamente, diante de sua demanda de amor exclusivo, de saber sobre o gozo e, enfim, de sua demanda de poder, poder espermático, digamos. É o Outro traumático do jardim das oliveiras — "Pai, por que me abandonastes?" —, que Lacan retoma ao falar do "pai [*parent*] traumático", no singular. Ele falta eternamente no que tange a responder ao sujeito, mas essa falta é estrutural: ela decorre da linguagem do Outro que fala, o simbólico, portanto, é furado, *trou-matique*[5], escreveu Lacan. Os outros perigos, os do real, atuais, os traumas que não são do Outro, esses não são programados, eles são da ordem do acidente. Os acidentes são diversos; há aqueles

---

[5] Nota da tradutora: Trocadilho que, em francês, equivoca "trou" [furo] e "traumatique" [traumático].

que vêm da natureza (tsunami) ou de técnicas humanas (acidentes de trem, atômicos), mas não dizem respeito especificamente à psicanálise. A única coisa com a qual a psicanálise se afronta propriamente é aquilo a que Lacan chama no final de "o acontecimento de corpo", o qual não é acontecimento do sujeito, mas do corpo que ele tem, e não que ele é — o evento de gozo do corpo que também é do real. Traumatizado pelo Outro ou pelo real do corpo, Freud teria dito pulsão, o que não é a mesma coisa.

Eis uma alternativa colocada entre quer o espanto diante da iminência do gozo do Outro, quer a aflição ou desamparo diante de um real inevitável. A fobia é uma gestão sintomática da primeira, os pânicos são mais diversos, respondem a uma obscura percepção da segunda. É por isso que hoje, diante das "crises de pânico" dos sujeitos, a primeira questão é saber se se trata ou não, para cada um, de uma angústia em relação ao Outro, seja lá sob a forma que for.

É possível tentar situar os efeitos subjetivos dos atentados nessa alternativa — não falo da análise política a ser feita. Não há dúvida: esses massacres têm um sentido. Explico: numa perspectiva laica, que fulano ou sicrano seja atingido não tem sentido, é puro acaso. Mas esses homicídios têm um sentido que é declarado, explícito, dado que são justificados em nome de uma certa concepção religiosa e das obrigações que ela suporia. Que julguemos essa concepção insensata, louca, bárbara, em nada muda o fato de que ela dá sentido aos atos mortíferos dos terroristas, só que esse sentido não é aceitável para nós. Não nos esqueçamos de que o sentido somente existe para aqueles que dão sentido. Como isso repercute na psicanálise? A psicanálise não tem que se haver com as vítimas por definição, mas com as pessoas próximas das vítimas, antes, porém, com todos aqueles e aquelas que estão em análise e que não foram vítimas diretas. Na psicanálise, portanto, é-se testemunha das reações diferenciais ao choque; como se diz, a França está sob choque. O choque é sideração e silêncio, mutismo aterrado. Ora, o choque é para todos, de uma maneira ou de outra, em todo caso, para a maioria; o trauma, contudo, não é para todos, constata-se. Por isso, esse tipo de acontecimento mostra ser um revelador de singularidades. Isso procede do acontecimento, como para todo acontecimento, há aquilo que vou chamar de ressonâncias fantasmáticas. Ele torna presente na realidade bem mais do que apenas a possibilidade da morte, o *kakon* fundamental do Outro, uma encarnação do Outro malvado, absolutamente malvado, disposto a tudo. O pavor que ele produz é, por exemplo, bem diferente do ódio pelo inimigo das guerras clássicas, com o qual, aliás, na maioria das vezes, se reconcilia em tempos de paz. Lembro o que Lacan dizia em "A carta roubada": crer no homem "capaz de tudo" é crer no "mestre absoluto"[6]. Ele acrescentou que não está à altura de ninguém assumir essa posição, porque ela é imaginária, mas aí está um acontecimento que apresenta uma ocorrência atualizada disso, que convoca, portanto, o Outro de nossos piores pesadelos, que fazem... existir esse Outro absoluto, esse ser supremo em maldade, que assombra o imaginário de Sade — falo de sua filosofia tal como

---

[6]LACAN, J. (1955) A carta roubada. In: *Escritos*. Tradução de Vera Ribeiro. Rio de Janeiro: Zahar, 1998, p. 37.

foi lida por Lacan, não de sua pessoa. Aí se situa, creio eu, a mola propulsora — ou, ao menos, uma delas — das diferenças de resiliência dos diversos sujeitos. Digo uma das molas propulsoras, pois existe outra, penso eu, que é o gozo experimentado com a visão do horror mediatizado, este também muito diferente de um sujeito para outro.

Coloco, então, a questão sobre sua outra face: o que está ameaçado pelos perigos segundo as circunstâncias: o corpo ou o sujeito? O corpo que o sujeito tem ou aquilo que chamamos de sujeito, ou seja, aquilo que é representado pelo significante? Aí, ainda, a oposição binária não funciona, é claro.

Corpo sem armadura

Poderia parecer que em todas as situações de medo traumático seja o próprio corpo que se encontra ameaçado, como se, no fundo, o corpo fosse o valor supremo. Pode-se evocar um bom número de casos que vão nesse sentido.

De início, todas as situações de salve-se quem puder e, mais amplamente, todos os casos de pânico em que a sobrevivência está em questão e em que parece que só o instinto de conservação comanda. Aliás, mesmo nos pânicos financeiros, no horizonte daquilo que se divulga sobre isso na população, há o temor da perda irreparável dos recursos que asseguram a sobrevivência individual. Uma notícia policial, no final de outubro, falava de um homem que se suicidou após ter matado sua mulher e seus filhos, e que, na carta que deixou, explicava seu gesto pelo fato de que, pela primeira vez na vida, ele não tinha forma alguma de pagar o necessário para ele e para sua família. É claro que diremos tratar-se de um louco, o suicídio altruísta de um louco, mas nada impede que a problemática aí esteja com o seu paradoxo: morrer porque se acredita estar ameaçado de morrer de... fome.

Aqui estamos no terreno da relação entre o que chamamos de sujeito e seu corpo. O sujeito, que não é uma alma, o sujeito, uma vez definido pelo fato de ser representado pelos significantes de sua fala, quer seja no nível de sua consciência, quer seja no de seu inconsciente, pode-se colocar que ele *tem* um corpo, que ele não é o corpo, o que Lacan faz em sua segunda conferência sobre Joyce, tardiamente, portanto. Retomarei talvez essa questão, mas já assinalo que a partir daí Lacan introduziu diversas considerações bem novas. E, inicialmente, se há um corpo, é por ele que se mantêm os sujeitos. Ele evocou muitas vezes o *habeas corpus* da lei inglesa. Ela proibia que se julgasse alguém sem que lhe fosse notificada, em presença, a acusação. Essa lei, em geral, é suspensa em caso de urgência, como, por exemplo, em Guantánamo. Ela se presta a diversas discussões, ressalta-se muitas vezes seu lado democrático de proteção dos direitos individuais contra eventuais abusos de poder, mas o que me interessa aqui é que ela implicava que não se podia condenar em ausência, era preciso que o corpo do sujeito incriminado estivesse presente. A insistência de Lacan sobre essas questões foi crescendo nos últimos anos de seu ensino. Esse tema vai continuar.

DISCUSSÃO

Pergunta: O advento de um real implica o acontecimento de corpo.

C. S.: É uma pergunta ou uma afirmação?

Pergunta (continuação): E poderíamos falar de enodamento, prévio ao traquejo de Joyce?

C.S.: Há duas questões nisso que você aponta, uma sobre Joyce e uma sobre advento do real e acontecimento de corpo. Não é a mesma coisa.

Quando Lacan evoca o advento do real, é em "Televisão", e ele os situa como um efeito da ciência, da física, com suas recaídas técnicas como em alunissagem. Ele introduz esse termo antes de dizer "a angústia, afeto-padrão de todo advento do real"[7], num contexto em que o evento do corpo, no sentido próprio, a saber, o gozo de um corpo vivo, não é imediatamente convocado, presente. Para mim, trata-se de uma questão de definir o que ele chama de "advento do real". Por outro lado, o acontecimento de corpo é algo que ele desenvolveu bastante. Na conferência sobre o sintoma, ele descreve o acontecimento de corpo graças ao qual Freud descobriu o inconsciente. É um acontecimento de corpo, a ereção do menino, que encontra, além disso, as palavras depositadas a partir do "falar" dos pais traumáticos. Nada de traço da menina. De uma forma mais geral, o acontecimento de corpo, se deixar de lado as ameaças mortais, é o modo de gozar fixado para cada sujeito. Há objetos a serem gozados que podem variar na vida, mas a modalidade própria de gozar do corpo, isso se fixa na tenra infância.

Há um exemplo muito preciso em "Televisão", no início da resposta à Questão 5. Interrogado sobre "por

---

[7] LACAN, J. (1974) A terceira. Inédito.

que se goza mal", Lacan diz que é necessário inverter a hipótese habitual, ao menos aquela que era dominante em 1968: não é a repressão que produz o recalque, mas o recalque que produziu a repressão. Freud não estava longe disso, e a prova, segundo Lacan, é o Homem dos Lobos. Essa análise não foi um sucesso para o caso, mas um sucesso para estabelecer "o real dos fatos". Onde podemos ler essa tese no Homem dos Lobos? Ele é um sujeito angustiado e que tem práticas sexuais particulares fixadas desde sempre. Sua parceira é feminina, mas ele goza disso apenas de uma forma específica, pois ele só pratica o coito *a tergo*. Freud procura de onde isso vem, tenta estabelecer que houve uma cena acidental, um fato, uma contingência. Aos dezoito meses, ele teria assistido a um coito *a tergo* de seus pais, e isso o excitou de tal forma que ele expeliu fezes. Freud busca, então, estabelecer que houve um fato, o qual não vem do discurso do Outro, que é contingente e que fixou para sempre as práticas desse homem. Eis, creio eu, o que Lacan considera uma visada do real dos fatos pelo Homem dos Lobos, o acontecimento de corpo fixado na forma de acontecimento numa idade muito precoce e que, em seguida, permanece inalterado. Isso quer dizer que o sintoma de gozo de corpo, do corpo sintoma que faz suplência à não relação, não é determinado pelo Outro, por sua fala e seu discurso. Isso é capital, e as consequências clínicas imensas. No que diz respeito a Joyce, a hipótese de Lacan, se o li bem, não é que o enodamento precede, antecipa, mas que ele vai se fazendo *in progress*, à medida que Joyce fabrica sua obra.

Pergunta: Lacan diz que o inconsciente é o gozar de um saber. No final, ele traz algo como "meu consciente está unificado ao meu inconsciente"?

C. S.: Sim, ao falar de si mesmo, está em *L'insu que sait de l'une-bévue s'aile à mourre*. É interessante que você evoque isso, pois, no texto que citei, a consciência é definida pelo fato de saber, verbo *saber*, no sentido, portanto, de dispor de um saber.

O inconsciente é um saber no sentido do substantivo, um *set* de significantes gozados, mas um saber insabido pelo sujeito da consciência. Gozo de um saber, mas sem o saber, é o gozo de um saber insabido. Que possa existir aí uma junção, até mesmo uma continuidade, entre o saber que define a consciência e o saber do inconsciente, que, portanto, seu inconsciente e seu consciente estejam unificados, Lacan justifica isso ao precisar que é porque ele pensa contínua e exclusivamente sobre o seu inconsciente, e, se for o caso, o campo do consciente se reduz ao do inconsciente. Dispomos de um saber quando se está consciente de todas as coordenadas nas quais se está colocado. Se nesse espaço você colocar exclusivamente o inconsciente que ocupa dia e noite, isso se unifica, consciente e seu saber do inconsciente.

Pergunta: [...]

C.S.: Com efeito, vocês podem constatar que os últimos avanços de Lacan não apenas são difíceis, mas também produzem uma resistência especial. Minha hipótese é que ele produziu um mal-estar na psicanálise, pois propôs tantas fórmulas que a implementação da conceituação e da prática penam em continuar. Isso está aí desde a origem. Como, com a fala, se resolve uma paralisia?, etc. Reduz-se os sintomas de corpo com o problema das conversões histéricas. Esquecemos um pouco disso, pois a psicanálise mostrou certa eficácia e, em seguida, porque a prática de Freud e depois a de Lacan mostraram que, entre o sintoma de conversão do qual falávamos e o instrumento da psicanálise que é a fala, há um elemento comum, que é a linguagem. O sintoma é uma metáfora feita com linguagem, com uma substituição significante. Ao se decifrar, portanto, a cadeia significante do sintoma, é perfeitamente lógico que se resolvam as conversões histéricas. Consequentemente, as últimas elaborações de Lacan renovam a questão de origem e de maneira muito mais forte, dado que ele nos diz: os sintomas de corpo são acontecimentos, não vêm da linguagem. Como é possível, então, que nossa prática de fala opere?

Pergunta: Esse corpo é a linguagem que nos dá, fórmula de Lacan.

C.S.: No ensino de Lacan, há uma evolução sobre essa questão. Ao longo de todo o ensino, o corpo é o imaginário, isso começa com a imagem do espelho, chega aos últimos seminários à força, o corpo sendo um tubo com furos em cada extremidade.

O acontecimento de gozo não é imaginário, ele supõe o real do organismo, não apenas uma forma de corpo. As próprias pulsões parciais combinam bem com o corpo imaginário, dado que é o gozo fixado nos orifícios da superfície do corpo que o dizer da demanda teria erotizado. Consequentemente, o gozo-sentido [*joui-sens*] veicula as pulsões parciais e implica o corpo imaginário. O acontecimento de corpo é uma epifania de gozo-sentido [*joui-sens*] vivo [*vivante*]. É isso que Lacan escreve na volta do real do nó borromeano, é o campo da vida. Ele nos havia habituado a dizer que o corpo não é vivo [*vivant*], mas "deserto do gozo", com os oásis das zonas erógenas, e é até mesmo o cadáver. O nó borromeano é justamente isso que vai atar o que Lacan disse até então com a diz-mensão [*dit-mension*] suplementar do gozo vivo.

Pergunta: [...]

C.S.: "As pulsões são, no corpo, o eco do fato de que há um dizer"[8]; seria preciso explicitar essa tese, mas não se pode reduzir todo o gozo às pulsões, tal como Lacan as desenvolveu, como sendo a realidade sexual do inconsciente — oral, anal, escópica... É claro que existe gozo pulsional, ele tem seus objetos eletivos, suas zonas corporais eletivas, ligadas à linguagem, e isso deriva na metonímia, lugar do gozo pulsional. Mas o gozo do orgasmo não se reduz a nenhuma dessas pulsões, mesmo que elas intervenham aí. Poder-se-ia dizer que o gozo-sentido [*joui-sens*], com hífen, é o gozo pulsional, mas há um outro, o fálico, e também o gozo sintoma, que fixa o gozo fálico.

---

[8]LACAN, J. (1975-1976) *O seminário, livro 23: o sinthoma*. Tradução de Sergio Laia. Rio de Janeiro: Zahar, 2007, p. 18, aula de 18 de novembro de 1975.

DOIS

9 de dezembro de 2015

Vinha questionando o que está ameaçado nas situações de perigo traumáticas, levantando a hipótese de que o corpo está colocado em primeiro lugar. Esclareço que a finalidade das explanações que se seguem é colocar em perspectiva a multiplicação das fobias e pânicos.

Histórias de corpo

Evocava a segunda conferência sobre Joyce, escrita depois de 1976, na qual Lacan diz, cito: "Somente deportados participam da história: já que o homem *tem* um corpo, é pelo corpo que se o tem. Avesso do *habeas corpus*"[1].

Avesso, com efeito, dado que o *habeas corpus* era uma lei que visava à proteção dos indivíduos contra os eventuais abusos de autoridade, ao passo que a deportação sempre procede do abuso.

A proposição "Somente deportados participam da história" não espanta depois de 1976, vinda de alguém que escreveu *hystória* com "y" para ressaltar seu componente

---

[1] LACAN, J. Joyce, o Sintoma. In: *Outros escritos*. Tradução de Vera Ribeiro. Rio de Janeiro: Zahar, 2003, p. 564-565.

de desejo e para dizer que a história que se conta é, no fundo, da ordem do romance, ou melhor, do mito. E ali onde Freud havia dito "romance do neurótico" para sublinhar o componente de desejo que anima a história que cada um conta sobre si mesmo, Lacan diz "mito individual do neurótico". A diferença sendo que o mito não é apenas imaginário, ele tem relação com um real, pois narrativiza um impossível de se dizer, quer seja o do desejo, quer seja o do gozo. A questão colocada é saber o que há de real na história.

Lacan aprova Joyce, para quem nada de importante, de sério, se passa na história dos historiadores. De fato, creio que para Joyce tratava-se de um outro peso, mais do que na história dos historiadores. Temos um testemunho disso dado por seu irmão Stanilas, que, por sua vez, era um militante dos ideais socialistas e pacifistas, o qual, aliás, foi detido por causa disso, e que, em *My brother's keeper* [O guardião de meu irmão], relata que enquanto tentava falar com James sobre a guerra em curso, ele lhe respondia: isso não me interessa, a única coisa que me interessa é o estilo. Evidentemente, essa não é a posição de Lacan, que está de acordo com a ideia de que nada se passa na "história dos historiadores". Na verdade, apesar de sua preocupação com os fatos, o que os historiadores buscam é interpretá-los, dizer qual é o sentido deles. A história, com efeito, se conta, seus fatos somente existem por serem ditos, sempre, portanto, entre simbólico e imaginário. Já em 1972, em "O aturdito", Lacan havia notado, em termos mais moderados, que o drama dos historiadores é de poder ler apenas o sentido e de ser, portanto, "a ciência do embaraço"². Isso foi relativamente gentil, pois ele poderia ter dito algo pior, como o fez em ...*ou pior* justamente, onde diz que o sentido é "confusional"³. Observo que na consciência comum, se essa expressão tiver algum sentido, hoje se tem fortemente a sensação desse distanciamento entre o real daquilo que advém e a história que daí se conta, a qual está entregue aos pressupostos dos desejos em jogo. É isso que indicam noções como dever de memória, conflitos memoriais, história dos vencedores etc. No final de novembro passado, aliás, foram divulgadas manifestações na Coreia do Sul contra a iniciativa do governo de retirar os livros de história das escolas e substituí-los por novas versões, glorificantes do país e mais edificantes em termos patrióticos.

Por fim, sem forçar as coisas, pode-se dizer mais: a história existe apenas se a contarmos, mas a partir do momento em que a contamos — que a fazemos falar, de certo modo, já que não podemos dizer a verdade do real —, ela mente sobre seu real. O estatuto daquilo que chamamos de fato está em jogo aí. A tese de Lacan formulada em diversas ocasiões, mas fortemente em *O sinthoma*, é de que não há, na verdade, nada além do "que ser dito" e que, ademais, os ditos são suspensos na enunciação, no ato de dizer, o qual faz existir os ditos na linguagem. O que equivale a dizer que o fato não deve ser confundido com o real. O fato supõe ser isolado, formulado e recebido, enquanto

---

[2]LACAN, J. (1972) O aturdito. In: *Outros escritos*. Tradução de Vera Ribeiro. Rio de Janeiro: Zahar, 2003, p. 482.
[3]LACAN, J. (1971-1972) *O seminário, livro 19: ...ou pior*. Tradução de Vera Ribeiro. Rio de Janeiro: Zahar, 2012, p. 147, aula de 4 de maio de 1972.

o real não demanda nada. Com efeito, um fato enunciado só tem peso se ele for levado em consideração, de alguma forma adotado pelo interlocutor individual ou coletivo. Ele também não tem o mesmo estatuto daquilo que chamamos de saber, em todo caso, de saber inconsciente, e nem mesmo o do saber no real da ciência. Os dois têm uma eficiência que se abstém muito bem de ser sabida. Os planetas se submetiam à gravitação antes que Newton tivesse descoberto sua fórmula, enquanto o saber inconsciente não espera ser sabido para produzir sintomas. Daí, desse lado performativo dos ditos, portanto do vocabulário, compreende-se as lutas ferozes sobre a forma de se nomear os acontecimentos que advêm. Por exemplo, se se disser "genocídio armênio", não se trata do mesmo fato histórico do que quando se diz "massacre dos armênios", que ocasionou tantas mortes no início do século XX. Isso é tão verdade que nomear é atar o real com o verbo. Esse estatuto discursivo do fato permite também compreender as evoluções da ciência histórica, na medida em que a história deixa de ser somente a narrativa das guerras entre os poderes absolutos e que novos fatos são levados em conta — que, por exemplo, se integre aí fatos da economia, das famílias, da infância etc.

Como entender, precisamente, então, que a história é feita apenas de deportados, em outras palavras, de corpos deslocados? Poderíamos acreditar que isso significa que as grandes deportações impostas (a dos negros, por exemplo) ou as grandes migrações voluntárias ou pseudovoluntárias (por exemplo, as dos contemporâneos do nazismo, ou as que conhecemos hoje em dia, com as massas fugindo da fome ou das guerras) são o real da história, assim como o real da psicanálise se situa no nível do gozo. Mas Lacan é mais preciso e mais sutil; ele, é bem verdade, distingue a história dos historiadores, em que nada de sério acontece, e aí ele aprova Joyce, mas acrescenta que na história, cito, "só se narram os êxodos [...] Releiam a história, é tudo o que nela se lê de verdade"[4].

Conta-se os êxodos, eles não são o real da história, mas aquilo que se lê de mais verdadeiro. A história se lê, pois só existe história contada, nessa narrativa se lê o sentido, assim como se lê o inconsciente, graças aos traços de escrita que ele deixa; lê-se a história a partir dos arquivos, e, nos arquivos, aquilo que se inscreve de mais verdadeiro — entendam aí, de menos enganador —, o que mente menos é o deslocamento dos corpos, os êxodos que, na falta de narrativa, se aglutinariam no grande fosso da memória. Essa indicação interessa muito ao seminário "*Hystorizar*, contar, escrever a história", do Campo Lacaniano. Sobre esse ponto das relações entre verdade, mentira, escrito a-não-ler e leitura, a p. 504 do "Posfácio ao *Seminário 11*" (nos *Outros escritos*) é uma referência à qual remeto aqueles que quiserem se informar melhor.

Quanto aos corpos não deportados, os quais estão no mesmo espaço, portanto, são tratados sempre mais por meio da segregação. Ela é crescente e deve ser distinguida da discriminação, tornando-se um tema da atualidade que Lacan havia predito bem. É um tratamento das incompatibilidades por intermédio do acantonamento dos corpos em espaços diferentes. Isso não é inédito,

---

[4]LACAN, J. Joyce, o Sintoma. In: *Outros escritos*. Tradução de Vera Ribeiro. Rio de Janeiro: Zahar, 2003, p. 564-565.

sempre existiu, mas a amplitude do fenômeno o é, pois é proporcional à globalização que unificou o espaço do planeta. Hoje sabemos melhor que ninguém a que ponto os muros da segregação não são mais simbólicos, e, para um que caiu em 1989, se constroem todos os dias novos — em Israel, na Hungria, no México etc. —, sem contar que o acantonamento das populações nem sempre precisa de muro, a prova podendo ser encontrada no *apartheid* na África do Sul, nas populações negras nos Estados Unidos e, até mesmo de forma mais *soft*, nos bairros de nossas grandes cidades.

Tudo isso levaria a pensar que, em última análise, quando há perigo, é sempre o nosso corpo que é o objeto em perigo: ele pode ser sequestrado, devorado, pisoteado, martirizado, esfaimado, massacrado, e, portanto, se é esse o caso, as angústias fóbicas e os pânicos crescentes indicam o mesmo que as grandes migrações da história, ou seja, que a sobrevivência do corpo é, por fim, o valor último. A tal ponto que se poderia pensar que isso é por demais evidente para merecer ser ressaltado.

Transcendências minúsculas

Mas é (ou foi) sempre assim, é assim por toda parte? Certamente não. Conhecemos suficientemente épocas ou episódios históricos em que ficou patente que a ameaça maior não incidia sobre o corpo e em que o valor último não era a sobrevivência. É esse o caso cada vez que se adere a uma causa pela qual se consente o sacrifício possível da vida. Lacan, aliás, evocava como uma das três formas do "desejo de morte" aquela em que se aceita morrer por aquilo sem o que a vida não valeria a pena ser vivida, por um elemento, portanto, que transcende a sobrevivência individual o bastante para se opor ao instinto de conservação.

Comentei demoradamente, em *A época dos traumatismos*, a arenga do rei Henrique antes da famosa batalha de Azincourt, na qual Shakespeare — ao tornar heroica a memória dessa batalha na qual os ingleses (patentemente em menor número e recém-saídos de uma outra batalha que os havia deixado esgotados) saíram, porém, vencedores — expõe todas as intrigas que permitiram vencer o medo da morte. Mas há vários outros exemplos e, no fundo, todos os casos de heroísmo, nos quais a vida é posta em risco em nome de um valor, seja ele qual for. Que nome dar a esse algo que valeria mais que a própria vida? Esses nomes variam conforme a história. Um filme de Kenji Mizoguchi intitulado *Os 47 Ronins* leva isso à incandescência. Ele relata um episódio autenticamente histórico do velho Japão, e vê-se aí que a ameaça suprema é a perda não da vida, mas daquilo que ele chamava de honra. O nome de uma transcendência. É preciso ver até o final para medir a felicidade que ali podia existir de se morrer pela... honra. A honra, é verdade, pode também servir de álibi para o crime, como nos crimes de honra, mas nos dois casos isso indica que a vida, a sua própria ou a do outro, não é o valor supremo. Aliás, os terroristas kamikazes de hoje fazem uma terrível demonstração disso. Diz-se: são bárbaros, selvagens, fanáticos religiosos que manobram os psicopatas daqui; sim, mas são, justamente, homens e não demonstram menos que os outros que um Semblante poderoso — a pátria, a honra, o Deus único — é capaz de funcionar como uma espécie de armadura que permite superar os medos de lesões corporais e mesmo sacrificar o capital de base que é o corpo dos falantes. Isso daria razão a Freud, quando ele dizia que não se pode ter realmente medo da morte, pois não há representação da morte, mas que a angústia da morte é um deslocamento do medo da castração, e, de fato, este medo pode adquirir a forma da perda do semblante com o qual alguém se sustenta e ao qual seu narcisismo estava apenso. A propósito dessa força dos semblantes, observo, ademais, que se lança hoje em dia sobre a guerra de 1914-1918 — em que toda uma geração morreu pela Pátria — um olhar cada vez mais anacrônico. Acentua-se a dimensão de carnificina, bem real aliás, valoriza-se as revoltas dos soldados depois de se ter descoberto as neuroses de guerra, mas se esquece de outro componente: a exaltação bem real nessa época do sentimento patriótico diante daquilo que se chamava então de "o inimigo hereditário"! Esquece-se disso justamente porque perdemos a noção e a experiência daquilo que era a coesão da multidão militar, descrita impecavelmente por Freud, aquela de antes das guerras mecanizadas e na qual o medo da morte era contido, ultrapassado graças aos laços libidinais, até poderia dizer graças ao envelope libidinal que constituía a multidão, tendo por objetivo a defesa da Pátria.

Hoje, no Ocidente, o tempo dos mártires, isto é, as épocas em que se podia querer morrer por ideias, por uma religião, por uma causa, está terminando progressivamente. O fim do século XX marcou o fim daquilo que ele ainda conheceu por ocasião das duas grandes guerras, a saber, os mártires que posso qualificar como mártires laicos. A questão não é que nós não colocamos hoje valores, o tema passa mesmo nas ondas em que nós somos atacados em razão dos nossos valores, as palavras de ordem da República — liberdade, igualdade, fraternidade e laicidade. Seguramente, mas bem poucos fora de nosso exército profissional estariam prontos para morrer por esses valores. E aqueles que se fazem apóstolos dos velhos semblantes (pátria, direito de sangue, raças) também não — isso porque se suspeita, aliás, que haja farisaísmo. Por outro lado, isso ao menos pega fogo em uma parte do mundo muçulmano, me lembro da surpreendente observação de Lacan que dizia que o resultado de uma batalha dependia de quem gozaria mais de morrer. Se é o caso, não é um bom prognóstico para nós, pois parece que nós passamos para o regime do "viver a qualquer preço". Sinal de que, nas evoluções de nossa cultura, o corpo, doravante, é aquilo que temos de mais precioso, nem mesmo a fama o ultrapassa. Isso, aliás, combina com o que Foucault formulava sobre os objetivos do Estado dito moderno, a saber, "fazer viver". Observem, ademais, que depois de séculos de monoteísmos que trabalhavam para reduzir nossa vida terrestre em prol de uma salvação superior, nos encontramos hoje em uma unanimidade globalizada (com exceção daqueles que esperam o apocalipse, certamente) no que diz respeito à necessidade de salvar não nossas almas, mas o planeta, para assegurar a vida terrestre das gerações futuras. Nada mais parece transcender a sobrevivência. Mas esse propósito é radical demais; ocorreu-me uma expressão sobre o modelo das *Vidas minúsculas*[5], de Pierre Michon: não temos nada mais do que transcendências minúsculas. Como, por exemplo, quando se aspira a "ser útil"...

---

[5]MICHON, P. (1984) *Vidas minúsculas*. Tradução de Mário Laranjeira. São Paulo: Estação Liberdade, 2004.

Com isso, evidentemente, há uma baixa das defesas contra o medo, e é nesse contexto que as fobias e os pânicos se multiplicam e se propõem ao nosso estudo. Isso não deixa de ter relação com a questão do mal-estar na civilização de que falávamos em nossas jornadas neste último fim de semana. É o estatuto de nossos gozos de falantes que gera o mal-estar. Nosso gozo, em outras palavras, o gozo de nosso tempo, dizia Lacan em "Televisão", "só se situa a partir do mais-de-gozar", e, além disso, "nem sequer se enuncia de outra maneira"[6]. Mas então, até aí, como se situava o gozo anterior ao nosso? É verdade que ele já se situava pelo objeto *a*, dado que o objeto resulta do efeito da linguagem sobre o ser vivo, mas não sabíamos disso, pois a forma de se viver as pulsões se ordenava também pelos semblantes que presidiam à ordem do discurso, e até mesmo do semblante dos semblantes, o próprio Deus, uma transcendência transcendente, quando se tratava dos místicos, e que o gozo podia adquirir a forma do amor absoluto. Era possível então ignorar o poder do objeto *a* e, se necessário, sacrificar os semblantes. Mas isso acabou, o corpo que é preciso para gozar permanece o valor último.

Brincar com o medo?

O problema é que, se acreditamos em Freud, é o risco da morte que dá seu preço à vida. Por isso, vou me voltar para outro fenômeno, pois o medo ou a angústia não são os únicos afetos que o perigo suscita; as respostas são bem mais variadas, mas quero, ainda assim, lembrar isso neste início de ano.

[6]LACAN, J. (1973) Televisão In: *Outros escritos*. Tradução de Vera Ribeiro. Rio de Janeiro: Zahar, 2003, p. 533.

Acontece que o perigo vital, o risco de vida, longe de amedrontar, fascina, suscita uma estranha atração, como se houvesse um gosto pelo perigo vital, não condicional, não subordinado a um objetivo. Conhecemos esses sujeitos "temerários", que procuram o risco, se lançam em empreitadas extremamente perigosas, aventuras diversas que não se justificam por nenhum objetivo útil, tais como pesquisa ou descoberta. É verdade que em nosso mundo é possível fazer comércio com isso, mas não é essa a questão. É fato que existem sujeitos que têm não apenas uma propensão a se colocarem em perigo, mas um gosto pelo perigo. Há mesmo aqueles que designamos como intrépidos [*trompe-la-mort*], aqueles que "enganam a morte", os que beiram o risco repetidamente, mas que, misteriosamente, escapam. Qual é a mola propulsora dessas condutas que parecem indicar que o risco de morte pode ter uma função subjetiva? É o gozo do risco, pela excitação que dá o sentimento de estar vivo, ou ignorância do risco nos sujeitos que não creem na própria morte, ou ainda algo como desafiar esse Outro que é a natureza no perigo extremo? Não se sabe realmente o que impulsiona essas condutas, deixo isso em suspenso por ora, mas lembro que, segundo Freud, nós, em nosso inconsciente, não pensamos que somos mortais.

Passo a outro caso representativo muito mais conhecido: a propensão de brincar com a angústia, mais exatamente, de se brincar de assustar. Os filmes de terror são um exemplo, é toda uma indústria que vive desse gosto pelo medo, que explora esse apetite, inventando perigos fictícios dos quais ela nos faz testemunhas. Perigos que realmente não nos dizem respeito, mas que, no entanto, produzem angústias que poderíamos dizer participativas, como são "participativas", segundo Lacan, as identificações da histeria. Não há, aliás, só os filmes de terror, mas todas essas invenções do esporte e do circo, tais como o trem da morte ou o salto no elástico, feitos para experimentar, sem as consequências, a queda mortal, o encontro com seu assassino etc. Utiliza-se, portanto, o medo como um... divertimento, no sentido preciso daquilo que nos desvia da preocupação com a realidade. Seria isso uma forma de exorcizar, de conjurar a iminência de outros perigos mais reais? Existe isso, sem dúvida, mas se trata, antes, do fato de que se busca... a emoção, diz-se hoje a descarga de adrenalina, ou seja, algo corporal que revitaliza. O que seria senão o "sentimento de vida"[7] em contato com aquilo que a ameaça? É claro que nas sociedades do conforto vital, diria naturalmente sociedades do sono da prosperidade, se adora esse tipo de divertimento. Ora, noto que são, em geral, as sociedades em que a pena de morte foi proscrita e em que o medo das realidades, dos perigos da globalização capitalista, atingiu seu auge. Isso daria razão a Freud. Não é seguro que os falantes queiram "a vida simples e tranquila" com a qual sonhava Verlaine do fundo da vida dura que ele levava. Aliás, as infâncias mais doces não são também aquelas em que se cultivam as histórias mais horríveis, como a da Chapeuzinho Vermelho, a cabritinha do senhor Seguin[8], sem falar na enxurrada de fadas más e de madrastas malvadas? É verdade,

---

[7]LACAN, J. (1959) De uma questão preliminar a todo tratamento possível da psicose. In: *Escritos*. Tradução de Vera Ribeiro. Rio de Janeiro: Zahar, 1998. p. 565.
[8]Nota da tradutora: Referência a "La chèvre de monsieur Seguin", presente nas *Lettres de moulin*, de Alphonse Daudet (1840-1897).

fazendo uma nuance, que se supõe que todo esse mundo de horrores tem uma função, a saber, inspirar o espírito de obediência nos pequenos e que, além disso, esse bem sombrio *kakon* (inimigo interior) que elas expõem tem sua contrapartida. Com efeito, paralelamente, entramos na vida acreditando em Papai Noel. Sempre me pergunto por que os adultos contam histórias do Papai Noel aos seus filhos, ao passo que eles mesmos acreditem não crer mais nisso. Pode-se medir por aí a que ponto os falantes são levados a contar histórias para si mesmos, e, talvez, seja porque a maior parte acredita "em Papai Noel", no sentido idiomático da expressão. Porque eles creem no Outro, creem também no mal, que é uma de suas faces. Talvez esteja aí o segredo de todas essas práticas estranhas que acabo de evocar. Elas repousam numa escolha implícita: queremos histórias, sejam elas irreais ou horríveis, porque nas histórias há suspense. O suspense é a temporalidade vetorializada pela espera de uma saída, ele rapta, salva você das rotinas cotidianas e, além disso, dá emoções, excita por baixo custo, enfim, é como se algo acontecesse. Digamos, um *ersatz*, um substituto do desejo. Em outras palavras: tudo menos a morosidade e o enfado, dois afetos bem próprios do nosso tempo. Ora, o desejo tem relação com o sentimento da vida, não da vida orgânica, mas dessa vida própria ao desejo que é, como dizia Lacan, conduzida pela morte.

Assim, brinca-se de assustar, pois do medo se pode fazer um divertimento, uma excitação na qual se brinca com o medo com toda segurança. E vejam a comoção que se dá quando, como dizem as crianças, é "pra valer". Toda a questão do brincar está no fundo aí implicada. Estava pensando no famoso jogo da bobina, célebre na psicanálise desde que Freud o descreveu, no início de "Além do princípio do prazer", com relação a seu neto. A criança brinca de fazer desaparecer uma bobina jogando-a na beirada de seu berço. Que interpretação dar a isso? Há muitas. Freud reconhece na bobina, inicialmente, a mãe que se ausenta regularmente, sem provocar, como ele nota, protestos da criança. Talvez, e essa é a hipótese de Freud, ela assuma aí, de forma ativa, aquilo que sofre na realidade. Mas então por que o ponto alto do jogo está no momento em que ele faz a bobina desaparecer, e não quando ele a faz reaparecer, dado que, por fim, a mãe volta? Lacan produziu uma interpretação no limiar da qual Freud, por sua vez, se deteve. A criança joga com a perda e, até mesmo, com sua própria perda. O que torna o jogo possível é a simbolização mínima por dois significantes, *Fort-Da*, dos quais ele acompanha os gestos de jogar e trazer de volta, os quais permitem, no fundo, representar a perda. Mas há mais que isso: a partir do momento em que esse par mínimo de significantes está em função, a plena presença, assim como a plena ausência, fica perdida, o real da mãe se acentua pela ausência, de certa forma. É a partir daí que Lacan pode escrever DM, desejo da mãe. Esse é o exemplo *princeps* do efeito negativante da linguagem, o qual permite a Lacan dizer que a criança joga com sua própria perda, que ele escreve como objeto *a*. Evidentemente, nada garante que os jogos tenham a mesma função nas crianças mais jovens, nas quais ele é um instrumento de entrada no universo simbólico, o que não é mais o caso do adulto. Seu jogo com a perda da vida é, antes, um suporte do desejo, um *ersatz*, como dizia, para iludir a vacuidade.

Pesadelos

Passo agora para uma outra realidade que convoca o medo, quiçá o terror, e que, por sua vez, não é um jogo — a saber, o pesadelo. Nele o sujeito nada pode fazer, o agente é o inconsciente. Há, aliás, algum paradoxo quando Freud diz que, no inconsciente, o sujeito não se sabe mortal, ao passo que esse mesmo inconsciente fabrica pesadelos.

O pesadelo é uma exceção na teoria do sonho, segundo Freud. Em todas as formações do inconsciente — o sonho eminentemente, as representações e os significantes, os quais constituem aquilo que Freud chama de "processos secundários" —, funcionam como paraexcitação, por meio da deriva dos desejos e das pulsões. Nesse sentido, o sonho, segundo Freud, está a serviço do desejo de dormir, de continuar dormindo, ele se realiza aí justamente por meio dessa deriva. Em nossos termos, o sonho é o envelope simbólico-imaginário da coisa real, ele protege, portanto, do despertar para o real do gozo opaco. É por isso que Freud situa o pesadelo como uma exceção com relação à sua teoria do sonho. Com efeito, contrariamente ao conjunto dos sonhos, o pesadelo é efração que desperta, antes que o sujeito recobre a realidade, isto é, continue a dormir. Foi Lacan quem permitiu situar uma homologia entre, de um lado, a realidade e o real, e, de outro, o sono e o despertar. A realidade é o lugar do sentido, do sono, do senso dito comum, eu diria. O psicanalista, o próprio Lacan, pode zombar do senso comum porque ele verifica todos os dias que as verdades dos analisantes não têm senso comum; o que não impede que o discurso do mestre fabrique o senso comum, motivo pelo qual dizemos que os loucos são uns insensatos, o que não é o caso aos olhos da psicanálise.

DISCUSSÃO

Pergunta: Será que a senhora pode precisar a questão do sonho na psicose, até mesmo do pesadelo na psicose?

C.S.: Todos os sujeitos, seja qual for sua estrutura clínica, sonham, contam sonhos. No final de "Televisão", Lacan tem como tese que uma formação do inconsciente basta para atestar a transferência, isto é, a dimensão do sujeito suposto saber. Ora, diz-se frequentemente que na psicose, em particular na paranoia, não há essa dimensão do sujeito suposto saber, pois é o sujeito que lhe fala quem sabe. Como isso se resolve?

Não se trata de uma contradição se nos detivermos um pouco nessa expressão, o sujeito suposto saber. Ela implica duas suposições: uma suposição de sujeito e uma suposição de saber. Para aqueles que conhecem a escrita do matema da transferência, é isto que está escrito embaixo da barra: o pequeno *s* do sujeito significado pelo Grande S do significante da transferência, escrito em cima da barra e contíguo no parêntese dos significantes do inconsciente suposto ($S_1, S_2, ..., S_n$), ou seja, o saber inconsciente.

Nessa dupla suposição, o engano recai sobre a suposição do sujeito, mas não sobre a suposição do saber, que é a que conta. Toda formação do inconsciente supõe o inconsciente trabalhador, que combina significantes. Ora, isso não está presente tanto na psicose quanto na neurose?

A dificuldade com essa expressão de sujeito suposto saber é que Lacan a propôs numa época em que a ênfase recaía sobre o sujeito do inconsciente; em seguida, ele propõe a ideia do inconsciente sem sujeito.

Ele conserva a mesma expressão para a transferência, a ênfase, porém, é completamente outra. Na verdade, podemos interrogar esta expressão com a estrutura da fala ou do significante. O grafo do desejo representa a estrutura da fala: os significantes estão do lado do Outro, mesmo quando ele escuta. Daí a fórmula: "recebo minha mensagem do Outro". O Outro é, pois, o sujeito no qual está depositada a minha verdade. Para a psicanálise, isso se encaixaria bem: o sujeito chega, fala com o analista, há uma suposição de que o psicanalista poderia repercutir algo de sua verdade para ele e que, portanto, ele é sujeito suposto saber.

Só que a estrutura de linguagem conduziu Lacan à noção de inconsciente como um saber separado do Um que representa o sujeito e que trabalha. Uma formação do inconsciente decifrável implica os significantes do inconsciente. E, portanto, nesse sentido, sonhos e pesadelos são completamente transestruturais. Por outro lado, a estrutura da fala, do endereçamento, varia conforme as estruturas clínicas.

É por isso que sempre tenho reservas quando ouço alguém, ao falar de um paciente, apoiar seu diagnóstico em um sonho. Não se pode fundamentar um diagnóstico sobre um sonho. Não há sonhos-padrão psicóticos ou neuróticos. Não é porque no sonho há bastante sangue, vermelho, atrocidades e pouco sentido legível que o sujeito é psicótico. As formações do inconsciente são transestruturais.

Pergunta: Como compreender que os fatos se dizem?

C.S.: Como lembrei, "só há fato por ser dito". Não disse que "os fatos se dizem". Daí, questionemos: a fobia é um fato?

É um fato a partir do momento em que a nomeamos fobia. Antes vocês podiam observar um sujeito sair gritando diante de uma aranha, e isso não constituía uma fobia. A fobia somente existe a partir do momento em que ela é chamada de fobia. Reside aí o poder do nome. Quando Lacan diz que "as palavras fazem as coisas"[9], é essa a origem do lacanismo. Isso não quer dizer que o real não existe, essa não é uma tese idealista, não é uma tese nominalista, não é o bispo Berkeley, para quem apenas existem representações. Mas, para que se isole um fato no real, é necessário circunscrevê-lo e nomeá-lo. Aliás, isso é muito operatório, analiticamente falando. Lacan insistiu muitas vezes sobre isso. Não basta que um sujeito tenha um sintoma bem visível, bem localizável, para que se considere que ele vai entrar em análise. Para que ele possa entrar em análise, é preciso, por sua vez, que ele faça do seu sintoma um fato. O que supõe que ele o localizou, isolou e nomeou. Isso é particularmente verdadeiro com relação às obsessões dos obsessivos. Pois há muitas práticas na neurose obsessiva que o sujeito não percebe como sintomáticas, e não se pode fazer nada na psicanálise enquanto isso não passar ao dito.

Pergunta: Com relação a isso, me vem um exemplo. Recebo uma pessoa que foi vítima de incesto. E ela diz que não se sentia vítima enquanto não lhe disseram que aquilo não devia ser feito e que houve uma ação jurídica.

---

[9]LACAN, J. (1953) Função e campo da fala e da linguagem em psicanálise. In: *Escritos*. Tradução de Vera Ribeiro. Rio de Janeiro: Zahar, 1998, p. 276.

C.S.: Aí está um exemplo simples e convincente. Algo que nós chamamos de "incesto" aconteceu. A pessoa viveu isso de seu jeito, não precisamos de detalhes. Mas o que aconteceu mudou de natureza a partir do momento em que foi dito, nomeado e designado de outra forma. Nesse sentido, vemos que o vocabulário é performativo. Falamos de proposições performativas: "você é minha mulher", "eu te batizo", mas não há somente os enunciados performativos. O próprio vocabulário tem um poder discriminante. Aí é preciso partir novamente da tese: as palavras fazem as coisas, as palavras não fazem o real, mas... a realidade. Aliás, vejam o grande trabalho que é feito em nossa sociedade sobre o vocabulário: não se fala mais de uma empregada, insultamos uma pessoa se dizemos "é minha empregada". Fala-se de uma pessoa "funcionária da casa". Não se fala de um varredor, mas de um "técnico de superfície"!!! Quanto ao sexo das palavras, no feminino ou no masculino, o tema é bem conhecido.

Nota-se bem que há uma operatividade não apenas da enunciação, mas da própria palavra. A estrutura diferencial da linguagem significa que uma palavra introduz a diferença no real. E uma palavra não introduz a mesma diferença que uma outra. Sabe-se muito bem que no campo da saúde mental começa-se a criar com novas palavras novas patologias, e encontramos pessoas que as têm!!! Portanto, isso existe...

Pergunta (em espanhol e traduzida): Quando se diz "um significante não articulado", isso pode querer dizer que o significante está ali, mas não foi pronunciado na fala pelo sujeito?

C.S.: Não creio ter dito que na fobia o significante não foi articulado. Isso não teria sentido. Um significante é, por definição, articulado, uma vez que, por natureza, ele é diferencial e a cadeia significante é uma articulação. É possível, é verdade, falar de significante errático quando se tem apenas um, quando não se localiza vetor em direção a outro significante, mas não que ele seja não articulado. Além disso, na psicanálise, todos os significantes isoláveis passam pela fala do analisante, são veiculados, quer ele o saiba ou não, naquilo que ele diz. Nesse sentido, nós os deciframos, não os inventamos.

Pergunta (continuação): *...sobre "o significante no real"?*

C.S.: A partir do momento em que dizemos "significante no real" ou, às vezes, "real", está implicado que ele não tem sentido. O real não tem sentido. A partir do momento em que ele tem sentido, está-se fora do real, entre simbólico e imaginário. Para o "significante no real", o primeiro exemplo dado por Lacan foi a alucinação verbal na psicose; ele é real, pois está fora da cadeia significante. E, além disso, ao longo de todo o seu ensino, podemos acompanhar as ocorrências do significante errático, fora de sentido, e a afirmação fundamental, feita bem cedo, de que o significante, em si mesmo, é assemântico.

Pergunta: A História dos historiadores fala somente dos deportados, mas eles estão mortos?

C. S.: Lacan emprega a palavra "deportado", mas isso não designa apenas os que são mortos nos campos de deportação nazistas. Ele falava dos êxodos. Os êxodos

dos vivos, os êxodos forçados do tráfico dos negros levados para a América, dos alemães fugindo do nazismo e partindo para os Estados Unidos, fenômeno muito importante na cultura americana, dos diversos emigrados fugindo das guerras e da fome. Não são os mortos que fazem a história, são os vivos que escrevem, contam os mortos, fazem a lista dos nomes para conservar a memória. Quando há deslocamentos de população, são os vivos que vão continuar a falar, a contar a história, a fabricá-la, a modificar a cultura do país em que chegam, de uma forma ou de outra. É isso que se faz de mais verdadeiro, ele não disse de mais real.

Os vivos contam a história de suas vidas, e a vida é a vida de seus corpos. Eles contam como emigraram, como trabalharam ou não trabalharam, amaram, detestaram, odiaram, seu rancor, sua religião. Essas histórias de corpos, a partir de corpos deslocados, é o que há de mais verdadeiro. Esta é a tese de Lacan.

A morte, por sua vez, é real, ao menos se entrarmos na questão do sentido da morte. Essa é uma questão que Lacan não se faz, eu também não. Lembro a lógica de minha explanação. Evoquei esses textos de Lacan somente para introduzir a fobia e o pânico em nossa época, em que o valor essencial é a sobrevivência. Quando este não for o caso, fobia e pânico não têm o mesmo lugar.

6 de janeiro de 2016

Continuarei falando sobre as emergências do medo que está nos pesadelos. Segundo Freud, os pesadelos põem em xeque o desejo de dormir, ao qual todos os outros sonhos satisfazem, como disse. Gostaria então de interrogar a função deles. É preciso justamente que eles tenham uma função subjetiva, dado que sua frequência e seus conteúdos variam conforme as circunstâncias.

O umbigo em ação

O sonho que interessa à psicanálise não é aquele que os neurologistas creem registrar no cérebro do sonhador, mas, sim, é o sonho contado — Freud ressalta isso —, é preciso que se acrescente todas as associações que se liguem a ele, uma vez que o sonhador estiver acordado. Seria, portanto, o caso de se dizer que sua circunferência não se encontra em lugar algum, como Blaise Pascal diz sobre o universo, já que as associações não têm fim. Seu centro, entretanto, não está em qualquer lugar. Freud o chamou de "umbigo do sonho", eis o seu centro. Ele o descreve na p. 446 de *A interpretação dos sonhos*, edição francesa da PUF, de 1967, como um "nó" — o termo está ali — no qual se detêm e se inserem os pensamentos do sonho, salvo que, diz ele, é o ponto de conexão com o "Desconhecido", que ele escreve com maiúscula. Bela fórmula para dizer que todos os pensamentos se conectam àquilo que não se pode pensar. Paradoxo em Freud: a via régia do inconsciente desemboca, topa com o impossível de se ler, comum furo na legibilidade, legibilidade esta que somente o simbólico permite. No coração da narrativa de sonho, então, tão longe quanto se possa levar as associações, está um centro vazio, portanto, homólogo no sonho ao furo do recalque dito original, impossível de retirar, e que Lacan nomeou com o termo "a coisa", *Das Ding*. No nó borromeano, é o furo no cerne do simbólico, ele esclareceu isso em Strasbourg, em resposta a uma questão que lhe foi feita sobre o lugar daquilo que ele chamou de a coisa, no nó borromeano. Não surpreende que essa inquietante estranheza do sonho, o enigma de sua legibilidade e de sua ilegibilidade, tenha ocupado a humanidade bem antes da psicanálise. No pesadelo, ao contrário, o que faz acordar é o pavor de uma legibilidade indubitável, sem mistério, um medo que confina a uma "atroz certeza".

Convoco, inicialmente, alguns pesadelos.

O pesadelo de um homem, um neurótico: seu pai, protestante convicto, que lia a Bíblia todos os dias, chamou-o de Daniel e lhe contou muitas vezes que seu nome tinha relação com o sábio judeu Daniel, que havia sido colocado numa jaula com leões, mas que, por fim, graças a Deus (o qual ele se recusara a abjurar), ele não foi mártir, pois os leões não o atacaram, dizem os textos bíblicos que, junto aos protestantes, são consultados todos os dias. Sem dúvida, seu pai, puritano, pensava inculcar-lhe, assim, algo de uma piedade e de uma força espiritual superior, capaz de domar a natureza animal. O filho, contudo, em seu foro íntimo, era, desde a mais tenra infância, um crítico virulento das crenças religiosas da família. Conscientemente cético, ele, no entanto, era menos cético em seu inconsciente; um pesadelo repetitivo que o perseguiu até a idade adulta, até os 17 anos mais precisamente, o fez descobrir isso. Ele o levava sempre à mesma cena: ele abria a porta, não da jaula dos leões, mas da casa, e, então, repentinamente, um leão se erguia à sua frente! Terror e despertar. Que interpretação podemos fazer disso? Que, com certeza, contrariamente ao Daniel da história, este descrente não contava com o Outro divino para salvá-lo, como seu nome o convidava a fazer. Mas, ambiguidade da crença, é preciso justamente acreditar que esse Daniel não era tão descrente como ele imaginava, para encontrar repetidas vezes um leão saído diretamente da fantasia paterna. Ele poderia ter dito: "Pai, não vês que os leões de tua fantasia me devoram?" Dessa forma, acontece que o pesadelo reitera "o encontro falho", que é a essência da repetição. Tive oportunidade de desenvolver isso, a expressão "encontro falho", de Lacan, é comentada em *Os quatro conceitos fundamentais da psicanálise*, em 1964, a propósito de um sonho contado por Freud em 1904, em *A interpretação dos sonhos*. Freud jamais a utilizou e, no entanto, em 1920, ele a descreveu perfeitamente no início de "Além do princípio do prazer", para introduzir seu conceito de repetição sob transferência. A descrição de Freud permite captar aquilo que é preciso compreender por essa expressão, que o "encontro falho" é um encontro bem-sucedido com a falha do Outro S(A), ou seja, com um Outro que falta em poder responder, como Freud insiste. Entretanto, essa falha é eventualmente povoada, e, nesse caso, o leão é que reina. Para algum outro, será o lobo ou, justamente, os lobos de "O homem dos lobos", pois é aí que se enxerta todo o bestiário dos pesadelos. Poderia dizer em outras palavras: o pesadelo tenta representar, dar cara à coisa.

O mérito do sonho que acabo de evocar é de fazer aparecer, sem dúvida possível, a conexão do objeto obturador, o leão que pode devorar, com a figura paterna, como no quadro de Goya *Saturno devorando um filho*, que está no museu do Prado, em Madri, e na capa do seminário *A relação de objeto*.

Pegarei meu segundo exemplo emprestado da pequena Piggle, de Winnicott. Fiz um longo comentário desse caso em meu livro *O que Lacan dizia das mulheres*. Não o retomo, detenho-me apenas no pesadelo de Piggle. Uma garotinha de dois anos e meio que entra em crise de angústia por ocasião do nascimento de sua irmãzinha e que, assim como Hans, tem pais versados na psicanálise. O caso é apaixonante, instrutivo sob muitos aspectos, especialmente sobre a transferência, o trabalho da cura, mas eu só retenho aqui parte de seu pesadelo, já que, no fundo, há apenas um, e, além disso, ele combina com uma palavra que ela produziu quando interrogada sobre o que está acontecendo, ou seja, suas insônias, seus pesadelos, suas autoacusações, sua tristeza etc. Esta palavra é "Babacar". Esse termo sem significação, do qual nem os pais e nem Winnicott puderam encontrar nenhuma origem ou raiz no vocabulário familiar, parece ser algo que ela inventou e vem a ser, evidentemente, a palavra do indizível de seu terror ou, antes, o nome da causa opaca de seu terror, pois ela diz quando questionada que é "por causa do Babacar", como Hans dizia que era por causa do cavalo. Nesse caso, a angústia não fez sintoma, como aconteceu com Hans, mas ela "fez palavra". Lacan evoca o peso da presença opaca, íncubo ou súcubo, diz ele, que pesa sobre o sujeito no pesadelo. Na verdade, íncubo e súcubo, em sua origem, não são tão opacos. Em latim, "incubus", "pesadelo", de "incubare" – "cubare" significa "dormir"[1] –, era um demônio masculino que supostamente abusava das mulheres durante seu sono. *Súcubo* (concubina) é seu par feminino de *sub*, "sob", e "cubare", "dormir". No cristianismo, isso se tornou um demônio feminino, uma diaba que vem à noite se unir a um homem. Nos dois casos, sabe-se o que eles querem: o ato sexual. O "Babacar" é muito mais forte, uma palavra fora de sentido, fora do dicionário da língua de seus pais, a própria palavra da opacidade enigmática do Outro.

O texto do pesadelo de Piggle, por sua vez, é mais clássico e simples: "a mamãe negra exige os seus nham-nhams". Com esse negro da mamãe negra, vê-se que o que Lacan chama, no final de seu seminário 11, de o "deus obscuro" não espera anos para ser representado pela cor no inconsciente do pequeno sujeito. Aliás, é notável, como havia sublinhado, que, na sequência do trabalho analítico, vê-se o azul substituir o preto nos desenhos de Piggle. Há, ainda assim, uma diferença com relação ao deus obscuro, é que aquele deus, a mamãe negra, sabe-se o que ele

---

[1] Nota da tradutora: Em francês, "coucher". Assim como em português — "dormir", "deitar" —, esse verbo pode ter o sentido de ter relações sexuais com alguém.

quer... seus nham-nhams. A falha é obturada por um objeto pulsional, como nos casos anteriores, aqui claramente objeto da demanda do Outro.

Nos dois casos, o pesadelo faz consistir o Outro por meio de um objeto fantasmático. Não é de se espantar, portanto, que a análise, que modifica a relação com o Outro, tenha efeitos sobre os pesadelos do analisante, seja porque ela os drena, seja porque ela os transforma. Isso é um fato, e é preciso justamente concluir daí que ela permite, para aqueles que tiveram costumeiramente pesadelos, um sono melhor — aviso aos que ficam "ligados" ao acordar ou ao despertar que a análise produziria: menos pesadelos significa mais sono.

Passo, agora, a um exemplo que não é de análise e que também já comentei: trata-se do sonho de Primo Levi. Encontramos a narrativa desse sonho na última página de seu texto *A trégua*[2], e ela figura no início da coletânea francesa *À une heure incertaine*, sob a forma de poema. Trata-se de um sonho de espanto, repetitivo, no qual os detalhes variam, diz Primo Levi, mas que "no fundo é sempre o mesmo". Ele endossa de forma espantosa a tese da homologia entre a realidade e o sonho que evoquei anteriormente. Mais precisamente, ele mostra que, quando o pesadelo passa para o real, o que vem a ser a definição do traumatismo — aqui, o do campo de concentração —, o sujeito percebe que a realidade de antes era o sonho, ao passo que o verdadeiro, o verdadeiro do verdadeiro, que nada mais é senão o próprio real, é o campo de concentração e seu horror. O texto se intitula "Em hora incerta"

---

[2]LEVI, P. *A trégua*. São Paulo: Companhia das Letras, 1997.

e está datado de 11 de janeiro de 1946. Leio para vocês o poema mais breve:

> *Sonhávamos nas noites ferozes*
> *Sonhos densos e violentos*
> *Sonhados de corpo e alma:*
> *Voltar; comer; contar.*
> *Então soava breve e submissa*
> *a ordem do amanhecer:*
> *"Wstawac";*
> *E se partia no peito o coração.*
> *Agora reencontramos a casa,*
> *Nosso ventre está saciado,*
> *Acabamos de contar.*
> *É tempo. Logo ouviremos ainda*
> *o comando estrangeiro:*
> *"Wstawac".*[3]

Logo, no pesadelo do campo de concentração, o sonho serve como homeostase do princípio de prazer, voltar, comer, contar, mas ele só pode ser breve. Até aqui, nada de misterioso, é essa a função do sonho. Mas, no lar reencontrado, lugar do princípio do prazer, volta-se, come-se e conta-se, o pesadelo perpetua o traumatismo, vai prolongá-lo para além de seu próprio tempo. Função do sonho pós-traumatismo, é isso que Freud já havia percebido nos sonhos das neuroses de guerra.

Entretanto, há em Primo Levi um traço mais singular. Ele comenta o pesadelo dizendo: "E, de repente, sei o que

[3] *Ibid.*

isso significa e sei também que sempre soube disso: estou de novo no Lager, e nada era verdadeiro fora do *Lager* [campo de concentração]. De resto, eram férias breves, o engano dos sentidos, um sonho: a família, a natureza em flor, a casa. Agora esse sonho interno, o sonho de paz, terminou, e no sonho externo, que prossegue gélido, ouço ressoar uma voz, bastante conhecida"[4]. Temos aí algo que é dele, que não se encontra em todos os traumatizados dos campos, a saber, uma avaliação, um julgamento: apenas o campo é verdadeiro, todo o resto é ilusão. Percebe-se que o que dá medo ali é a Coisa, outra, êx-tima, de tal forma êxtima que chega a apagar o sonho interno de paz.

Acrescento que a voz persecutória — contendo um comando que dizia "Levantem!" — merece algumas observações. O que conota o termo "Levantem!" é um despertar obrigatório, que arranca dos sonhos de restabelecimento no campo, ou do sonho da realidade reencontrada na paz; esse comando atroz indica que o pior é o implacável imperativo de viver sem repouso, fora do princípio do prazer, viver uma vida da qual não se pode escapar por meio de nenhum sono. Este termo representa verdadeiramente "a lei da *schlague*"[5], que Lacan evoca justamente no seminário 5. Algo bastante próximo à morte impossível ali é evocado, a verdadeira e pura dor sem fim de existir, que condena certos melancólicos a uma vida perpetuamente atroz, não lhes deixando nenhum outro recurso para escapar desse real a não ser o suicídio.

[4]*Ibid.*
[5]Nota da tradutora: "Schlague" era um castigo disciplinar antigamente usado nos exércitos alemães e austríacos que consistia em golpear com vara o soldado punido.

Essa foi também a via de Primo Levi, mártir do pesadelo do qual não se pode despertar. Em todo caso, seu sonho é paradigmático do que vem a ser um pesadelo: uma função de fazer despertar, atroz, mas ele acrescenta — o que não é o caso geral — o sono impossível. Lacan observou isso: desperta-se para se continuar a dormir, dormir com o sono do princípio de prazer, mas aparentemente tal despertar não esteve acessível a Primo Levi, que é um caso singular com relação a isso.

O Outro falta

Um bom número de questões surge a partir daí, em princípio esta: seria preciso, para que a análise não fosse um sonho, o sonho da associação livre, lugar do princípio de prazer, que ela fosse um pesadelo? A questão aparece a partir do momento em que, segundo Freud, toda neurose é traumática, que o neurótico é um traumatizado pelo Outro e que, segundo Lacan em ...*ou pior*, a análise reproduz não a neurose, mas o modelo da neurose. Ora, nesse modelo, há lugar para os pesadelos. O que se constata, de fato, é que nunca se faz uma análise sem levar o sujeito a seus pesadelos favoritos. Digo favoritos já que cada um tem os seus. Isso é bem lógico, já que os pesadelos do analisante são assombrados por sua fantasia do Outro e que o analista é convocado como Outro. Ainda bem quando essa fantasia não passa àquilo que Freud chamou de *agieren*, a colocação em ato transferencial, que, ao rebaixar a transferência à repetição, torna-a intratável. A superioridade do pesadelo sob transferência sobre o *agieren* é que ele é mais familiar à rememoração, ele mantém a separação entre o Outro fantasiado e o analista, e permite ao analisante, portanto, avançar em direção à percepção da fantasia. Além disso, constata-se que não apenas a análise mobiliza os pesadelos, mas que ela os modifica e, muitas vezes, põe um fim no que chamei de os pesadelos favoritos do sujeito. Não há aí nenhum mistério: com efeito, apenas se pode falar de análise se houve modificação da relação do sujeito com seu Outro traumático. A análise convoca, reanima, o Outro traumático, mas para, ao fim, chegar, ao menos parcialmente, reduzindo-o ao Outro *trou-matique*[6]. O sujeito, então, pode mensurar o quanto "o Outro falta" e, consequentemente, avalia a que ponto ele havia participado de seu próprio trauma. Daí uma questão: há pesadelos sem Outro, sem íncubo ou súcubo, pesadelos de um real no qual o Outro não está, assim como parece haver dores sem Outro? Voltarei a isso.

Lacan empregou a expressão "o Outro falta" em sua carta de 15 de janeiro de 1980. Não se trata do Outro como lugar furado da linguagem que falta, longe disso, pois é justamente porque ele não falta que há o *trou-matisme*, aquele que falta é o Outro consistente, aquele do qual se saberia o que ele quer, em outras palavras, o deus ao qual os profetas, sejam eles quais forem, emprestam a voz, aquele que o pesadelo fabrica com a ajuda do fantasma e que, então, se torna o Outro de todos os perigos.

O Outro falta, isso é engraçado na verdade, e é um outro pesadelo, o da ausência, do silêncio dos "espaços infinitos" que já atemorizavam Blaise Pascal. Vale a pena reler o que Lacan dizia sobre isso no final do seu texto "Observação sobre o comentário de Daniel Lagache", no

---

[6]Ver nota 5 da aula 1.

qual ele cita Immanuel Kant, para quem a abóbada estrelada acima dele suscitava "espanto e respeito", seguindo Blaise Pascal, o qual, no entanto, ele não nomeia, mas evoca por meio da expressão bem conhecida "espaços infinitos". Ele conclui que nem o respeito nem o temor estão mais na ordem do dia, pois a ciência esvaziou esses espaços, nos restando apenas a voz dos sábios e de eventuais outros habitantes. Em 1980, depois de ter formulado "o Outro falta", ele diz: "caso aconteça de eu ir embora, digam a si mesmo que é a fim — de ser Outro [...] Outro como todo mundo"[7]. *Outro*, com maiúscula, *como todo mundo*. O que isso quer dizer senão que, para cada um, a abertura do Outro furado da linguagem já está colmatada por seu gozo singular, que o faz Outro para qualquer outro. Tal é a mensagem ateia da psicanálise, mas não mais tranquilizadora, pois isso quer dizer que cada um é também potencialmente o lugar do *kakon* fundamental próprio ao ser humano.

Percebe-se que a voz que congela Primo Levi não é nem a dos sábios, nem a dos extraterrestres: ela se encontra nos espaços bem finitos do nosso planeta, ali onde cada um é justamente "Outro como todo mundo". Ela chega a ele de fora, como ele diz, dos nazistas do campo, mas é patente que esta também é para ele a voz interior superegoica que comanda o seu viver. Aqui se coloca a questão do que podem ser os pesadelos daqueles ou daquelas para quem o Outro verdadeiramente falta. Essa ausência já programa todos os pesadelos despertados

---

[7]Esta citação faz parte do seminário de 15 de janeiro de 1980, *L'Autre manque* [O Outro falta].

de nossa realidade contemporânea, em que faz falta, doravante, todo princípio de regulação unificante, no qual tudo é globalizado, menos o Um, o qual, do global, faria universal. É uma aposta segura que nós estaríamos apenas no início desses pesadelos — e, sem dúvida, isso anuncia outros igualmente para as nossas noites.

Agora, passarei às angústias que fabricam não os pesadelos, mas o sintoma. O primeiro de todos é a fobia. Primeiro em todos os sentidos, inicialmente no tempo, porque ele aparece na infância, antes dos outros e quase regularmente. Primeiro também estruturalmente, porque os outros sintomas-tipo histéricos e obsessivos se fabricam derivando-se da fobia, e ela permite até mesmo esclarecer a perversão. Pelo menos é essa a tese de Lacan a partir de *De um Outro ao outro*. A fobia não é uma neurose particular, como ele havia primeiramente afirmado durante um bom tempo; em "Subversão do sujeito e dialética do desejo", ele dizia "o neurótico, de fato, histérico, obsessivo ou, mais radicalmente, fóbico..."[8] Em seguida, diz que a "fobia não deve ser vista, de modo algum, como uma entidade clínica, mas sim como uma *placa giratória*. É esse o ponto que eu queria encaminhar hoje. Ela gira mais do que comumente para as duas grandes ordens da neurose, a histeria e a neurose obsessiva, e também realiza a junção com a estrutura da perversão"[9]. Parto daqui, e não do começo do ensino de Lacan. Sobre a fobia, no

---

[8]LACAN, J. (1960) Subversão do sujeito e dialética do desejo. In: *Escritos*. Tradução de Vera Ribeiro. Rio de Janeiro: Zahar, 1998, p. 838.
[9]LACAN, J. (1968-1969) *O seminário, livro 16: de um Outro ao outro*. Tradução de Vera Ribeiro. Rio de Janeiro: Zahar, 1998, p. 298, aula de 7 de maio de 1969, grifos meus.

ensino de Lacan, parte-se em geral do seminário *A relação de objeto*, que se repete incansavelmente. É verdade que é um magnífico seminário que apresenta o que vou chamar aqui de um grande bocado da bravura lacaniana sobre a fobia do pequeno Hans, o caso de Freud. O inconveniente dos grandes bocados de bravura é que eles ficam gravados na memória como as poesias que se aprende na escola primária e que, consequentemente, impedem de ler e dar importância àquilo que vem depois. Tomo essa referência da placa giratória em primeiro lugar, pois Lacan introduz nela uma modificação explícita, a qual talvez não seja a principal, mas que mostra, em todo caso, um movimento de remanejamento no que diz respeito à fobia e, então, ele deixa de fazer da fobia uma estrutura clínica, uma neurose ao lado das duas outras e da perversão, e veremos por quê. O que é isso, então? Ele diz: "uma figura clinicamente ilustrada, de maneira espetacular, sem dúvida, mas em contextos infinitamente diversos"[10].

Tigre de papel

Como forma de introdução, detenho-me em um desses contextos em que o mecanismo fóbico, ou melhor, deveria dizer, como faz Lacan, "o artifício" fóbico é utilizado, mas fora da clínica, a saber, no campo da política, no nível do poder, cada vez que ele toma emprestado da fobia aquilo a que Lacan chama de sua eficácia. Cito ainda seminário *De um Outro ao outro*: "todos sabem de que ordem é a eficácia das fobias. Se há uma expressão que serve, no vocabulário político, e não sem razão, para articulação entre poder e

[10] *Ibid.*

ADVENTOS DO REAL: DA ANGÚSTIA AO SINTOMA

saber, é aquela que foi lançada num ponto do mundo a que já aludi agora há pouco, a propósito da linguagem: o *tigre de papel*[11]. Com efeito, o que há de mais tigre de papel que uma fobia, dado que frequentemente o bestiário da fobia se encontra nos livros de imagens? A expressão é chinesa, designa uma coisa aparentemente perigosa, mas que é inofensiva, e um dos usos políticos dessa expressão foi popularizado em 1956, por Mao Tsé Tung, que a havia empregado para qualificar os Estados Unidos e mostrar que a grande China comunista não tinha medo de nada. Os seguidores de Mao se utilizaram dela muitas vezes em seguida. Entretanto, na maioria das vezes, os poderes, contrariamente, fabricam tigres de papel para orientar por meio do medo, que é, na verdade, uma importante mola propulsora. Vimos isso acontecer muitas vezes há algum tempo, por exemplo, com o encanador polonês[12] e todos esses emigrados que vêm comer o pão dos franceses, mas há outros exemplos. O tigre de papel é o paradigma do significante para fazer medo, na articulação entre o poder e o saber, e ele se inventa a partir disso todos os dias. Coisa estranha, o tigre de papel mantém ainda melhor sua função quando não há tigre pelos arredores. Por exemplo: todas as estatísticas mostram, e essa é mesmo uma

---

[11]LACAN, J. (1968-1969) *O seminário, livro 16: de um Outro ao outro*. Tradução de Vera Ribeiro. Rio de Janeiro: Zahar, 2008, p. 313, aula de 14 de maio de 1969.
[12]Nota da tradutora: Em francês, "plombier polonais". Em 2005, a Europa foi às urnas para aprovar a carta magna da União Europeia. A França e a Holanda, contudo, rejeitaram a constituição, e a razão seria a entrada de trabalhadores de países do leste europeu (dentre eles a Polônia), nos quais a mão de obra é muito barata em comparação aos outros membros da UE. Isso foi chamado de "síndrome do encanador polonês".

coisa surpreendente, que o medo do emigrado está mais vivo onde não existem emigrados. É que o tigre de papel, segundo a análise de Lacan, não é um tigre real, o que é bem evidente. Mas não é também o tigre imaginário, e isso é menos evidente para se perceber, dado que, justamente, ele faz imagem, ou seja, imagem vista num livro ou imagem linguística, metáfora. Mas com relação a isso, Lacan é categórico: o tigre de papel, assim como o cavalo de Hans, é um perigo passado ao registro do significante — ele emprega às vezes a expressão passado ao Outro, e também passado ao simbólico.

Eis-nos aqui num terreno conhecido do ensino de Lacan. Formulo-o a partir do tigre de papel justamente porque ele não é um fenômeno da psicopatologia, e porque está por toda parte no campo discursivo. Na psicanálise, pode-se fabricar uma adivinhação: qual é a imagem que, na realidade, não é uma imagem, mas um significante, e pela qual Lacan explicou o tempo todo como essa imagem se torna um significante, passa ao significante, passa ao simbólico? O pênis, certamente, apoiado sobre a imagem do corpo, o qual passa ao significante falo e com o qual Lacan tentou repensar tudo aquilo que Freud colocou na conta da castração. No início, ele opera com as duas categorias, do imaginário e do simbólico, que se esforça por distinguir bem. Tendo percorrido a maior parte das ocorrências da fobia nos seminários de Lacan, fiquei surpresa ao constatar as repetidas vezes em que ele volta a essa distinção entre imaginário e simbólico, tenta explicá-la, ilustrá-la, até "O aturdito", em que, muito claramente, ele evoca ainda a distinção da imagem fálica e do falo dito simbólico, escrito como grande φ. Para dar conta de quê?

Daquilo que Freud chamou de complexo de castração, em que aquilo que está em jogo, ao seguirmos, é o funcionamento de um terceiro, se assim posso dizer, o órgão real e da relação desse funcionamento com... a identificação viril. A questão da fobia, de seu funcionamento, de seu mecanismo, ele diz de seu "artifício", mas, sobretudo de sua função, está inextricavelmente ligada a essa problemática da influência do simbólico sobre o imaginário. O sintoma fóbico é, para o sujeito, até mesmo a primeira formação de um significante que ainda não esteja no Outro, o primeiro exemplo a ilustrar a eficácia do simbólico.

Retomarei os passos dessa insistência, próxima a uma ideia fixa, o que, por si só, já é bem indicativo. O esquema subjacente de todas essas explanações que temos frequentemente como sendo o osso do lacanismo é a famosa tese da subordinação do imaginário ao simbólico, a qual permite se pensar que o simbólico, o significante, pode domesticar as angústias geradas por tudo aquilo que ameaça o narcisismo, ou seja, o apego do falante à sua imagem e ao seu corpo próprio. Essa construção começa com o seminário *As psicoses* e culmina em "A questão preliminar", indo, de fato, até a introdução ao nó borromeano, que aparece pela primeira vez em *...ou pior*. Com o nó borromeano, há uma mudança de tese, as três consistências são equivalentes, uma não está subordinada à outra. Lacan terá repetido isso suficientemente? Não seria, então, preciso ao menos tentar interrogar novamente a fobia nessa nova problemática, que deita por terra os postulados da primeira construção, se não quisermos fazer desta última o dogma do lacanismo? Não estou certa de poder responder à minha própria questão, mas estou segura de que, se nos ativermos a este tema, àquilo que dele é articulado em *A relação de objeto*, significa que nada queremos saber do que Lacan propôs a partir dos anos 1970, ou seja, nos dez últimos anos do seu ensino. Volto agora à fobia.

As lições da fobia

De início, dou as referências principais que vou utilizar. Deixo Freud e os pós-freudianos de lado. Evidentemente, é por eles que é preciso começar, mas pressuponho que todos já leram e estudaram esses textos de Freud, especificamente o caso do pequeno Hans. Porém, lemos todos esses casos com Lacan, com a conceituação que ele fez deles. Dessa forma, parto diretamente para essa decifração. A série é a seguinte: *A relação de objeto*, com a análise do caso Hans em 1956-1957, logo depois de *As psicoses*; a "De uma questão preliminar", em dezembro de 1957 — janeiro de 1958; diversas indicações nos seminários que vêm na sequência, especialmente em *A transferência* e *Os problemas cruciais para a psicanálise*; os *Escritos*, sobretudo a p. 616, que evoca a ligação entre fobia e perversão, e toda a última página; o resumo do seminário *O ato analítico*, em 1969; *De um Outro ao outro*, de 1969-1970; a Conferência de Genebra, *O sintoma*, em 1975, ainda com o caso Hans.

Podemos colocar o termo fobia no singular, porque há uma possível definição dela. A mais geral seria a seguinte: uma fobia é o medo de um tigre de papel. Os dois termos devem ser precisados. "Tigre de papel" caracteriza o objeto da fobia, pois aquilo que chama a atenção à simples observação é o caráter inofensivo do objeto que leva o sujeito ao pânico, seja porque ele não apresenta perigo, como quando se trata de uma imagem, seja porque ele não se encontra mais na realidade. É até mesmo o contrário do perigo traumático, que, por definição, se encontra inesperadamente, *dixit* Freud. Uma vez me falavam de uma pessoa que dava como motivo de seu endereçamento a um analista uma fobia de baratas, animal não somente pouco perigoso, mas que, além disso, no meio abastado em que essa pessoa vivia, quase nem se encontra mais. Portanto, um objeto da realidade, mas inofensivo, ou uma simples representação de um objeto perigoso. Daí a ideia, nos dois casos, de um medo imotivado, o que quer dizer não fundado numa experiência, não ajustado ao princípio de realidade. É isso que induz os neurocomportamentalistas a práticas que levam o sujeito fóbico a verificar a falta de perigo do seu objeto de angústia, como se na fobia ele sofresse de uma crença errada ligada a um perigo fictício. No sentido de que o apelo ao princípio de realidade pode servir de álibi à recusa do saber. Ora, que não se trate de um perigo da realidade, mas que o medo fosse real é justamente o que atesta seu caráter significante, esse objeto do temor nada tem de real. Lacan introduziu a demonstração disso, e trata-se de uma peça central que deve ser colocada junto ao dossiê de sua tese sobre o inconsciente estruturado como uma linguagem. Significante, objeto fóbico, o tigre de papel: o que isso representa? Qual o seu significado? Pois bem, digamos que isso tem por significado um outro perigo. É isso que me traz de volta ao afeto próprio da fobia, o medo.

Esse afeto resulta de uma conversão, é uma conversão da angústia. A angústia é esse afeto no qual o sujeito é abraçado em seu ser pela iminência de um perigo obscuro, enigmático, retomo aí todos os traços por meio dos quais Lacan a definiu no seminário dedicado a ela, e no qual, curiosamente, ele não fala de fobia. Creio que é porque a fobia já é um tratamento da angústia, a qual permanece o primeiro dos afetos do sujeito, ao passo que a fobia é o primeiro dos sintomas. É um sintoma que trata a angústia, substituindo-a por um significante que dá medo, e o medo já é mais tranquilizador. Esse sintoma é o primeiro sob todos os pontos de vista. Esse processo de tratamento da angústia por meio da fobia é muito legível no caso de Hans, Lacan insistiu nisso; a angústia difusa é atestada em seu caso, antes que a fobia do cavalo fosse desencadeada. E aí vemos o benefício do sintoma. Ele coloca o afeto do medo num objeto específico, que tem valor significante e a partir do qual o campo espacial se reorganiza; zonas diferenciadas, com ou sem perigo, se desenham, a partir das quais os deslocamentos podem ser calculados e as esquivas, programadas. Isso é nítido em Hans, mas é menos nítido no caso da pequena fóbica das lojas, que Freud apresenta em seu "Projeto para uma psicologia científica". Isso me faz lembrar daquele jogo "quente ou frio", no qual as crianças devem encontrar um objeto que foi escondido e, de acordo com a distância, os que procuram são guiados pela voz que diz "está quente" quando estão mais próximos, "está frio" quando eles se afastam, e "está pegando fogo" quando estão bem perto. Tal é a eficácia visível da fobia: ela desenha toda uma cartografia — é essa a explicação que dou a mim mesma para o fato de Lacan ter se interessado tanto pelo mapa de Viena do pequeno Hans —, uma cartografia em que é possível ler o mais íntimo do sujeito.

Se perguntamos por meio da metáfora "O que está pegando fogo?", como se pede ao pequeno Hans, ele vai responder que é "por causa do cavalo". Quanto à Piggle, é "por causa do Babacar". Mas Hans ao menos pode acreditar que sabe que o cavalo morde; já Piggle sequer sabe o que é o Babacar. Ela vai ver o Dr. Winnicott, pois lhe disseram que ele conhecia o Babacar, e ela volta da primeira sessão dizendo, de forma admirável, que o Dr. Winnicott não sabe nada sobre o Babacar. O que é, então, que está pegando fogo?

DISCUSSÃO

(Três perguntas inaudíveis)

C.S.: Há enigmas e enigmas. O cavalo é mais a solução do que o enigma. Ele dá o significante daquilo que amedronta. A fobia é um tratamento do enigma sempre presente no nível da angústia. A angústia é um afeto cuja causa se supõe que não se sabe, é isso que quer dizer a iminência de um perigo obscuro. Lacan insiste muito e ilustrou isso muito bem no seminário *A angústia*, quando, ao falar da louva-a-deus, diz que se diante dela você usar uma máscara e souber que se trata do macho, você não fica angustiado, mas tem medo, tem terror, e trata de fugir. Não há enigma, você sabe o que vai acontecer. Mas se você usar uma máscara e não souber qual é, então aí tem a angústia. Lacan insistiu muito sobre essa dimensão: há a certeza de um perigo, mas também a ignorância de sua natureza. Nesse sentido, há uma relação entre fobia e enigma, mas a ideia que Lacan desenvolve com mais frequência é que a fobia provém dele e que ela reduz o enigma. O medo do cavalo, do leão, do lobo, de todas essas coisas que fabricam as fobias é, ainda assim, mais tranquilizador do que a angústia. Há uma ubiquidade da angústia, a angústia não desenha nenhuma cartografia, você não pode fugir da angústia organizando seu espaço.

(Pergunta sobre Piggle e Hans)

C.S.: A pequena Piggle não fabricou uma fobia, eu a evoquei a propósito do pesadelo. Há sua angústia, ela deu um nome ao perigo, o "Babacar", mas ela não fabricou o sintoma fóbico. Eis a diferença: Hans fabricou um sintoma com sua angústia e articulou toda uma série de significantes para dizer o que dá medo, a mancha negra, aquilo que pode morder, cair, toda uma metonímia, portanto, do perigo do cavalo. Para uma criança que não produzia ainda nenhum significante, que de forma alguma teria entrado na linguagem, não se poderia falar em fobia. Fala-se de fobia quando há um objeto nomeado, o objeto que focaliza o medo é nomeado, mostrado, é distinguido daquilo que está em volta.

Mas cuidado: nada indica que Hans tenha tido medo de cavalo antes de sua fobia. Ele havia visto cavalos, os observava, isso o interessava no mais alto grau, podia nomeá-los e, um dia, disse: "Tenho medo de cavalo". Ele manifestou medo de cavalos. Não se pode, portanto, dizer que inicialmente há um medo e, em seguida, um objeto nomeado. Há a angústia, um objeto interessante sob vários aspectos, depois o objeto se torna o nome de sua angústia.

(Pergunta em espanhol)

C.S.: Nosso colega diz — traduzo — que no fundo é um objeto escolhido, arbitrário, que, portanto, não há razão para se buscar o motivo da eleição.

Estou de acordo, salvo que é preciso que seja um objeto do entorno ou algo a que a criança tenha tido acesso. Pode ser uma imagem num livro. Não é um significante emprestado do outro, no sentido de que é um primeiro significante, o qual não funcionou previamente como significante do medo no discurso do Outro. A criança faz disso o significante de sua angústia, seu significante.

Lacan passou dez anos explicando o que é um significante, como ele funciona, que ele não é apenas imaginário, apesar das dependências imaginárias.

Pergunta: Se a ereção de Hans desempenhou um papel determinante, o que falar das fobias nas meninas?

C. S. : Essa é uma questão para a qual Lacan pensa ter a resposta. Não é a primeira vez que a ouço, devido ao fato de que, para Hans, Lacan insistiu bastante sobre isso, que ele tinha suas primeiras ereções e seu órgão começou a se fazer presente e que isso introduz algo entre sua mãe e ele. Em virtude dessa configuração e do apoio dado a esse fato em Hans, diz-se que, no caso da menina, não são as ereções que dão início às fobias. Responderei em seguida.

Pergunta: Se o significante da fobia não vem do Outro, ele seria arbitrário?

C.S.: Será que todos os significantes são emprestados do Outro? Lacan diz que o Outro é o lugar do significante. Com efeito, portanto, a criança encontra seus primeiros elementos significantes no discurso do Outro, eles vêm do discurso do Outro. Mas o "Babacar" não vem do discurso do Outro, justamente.

Há significantes que já estão no discurso do Outro, mas há também a produção significante, o *ex nihilo* do significante, é justamente a existência de experiência que produz significante, caso contrário, não teríamos criação linguística, teríamos uma língua de origem que não se movimentaria mais.

Os significantes produzidos pela experiência entram na língua, isso está nos dicionários, é assim que as línguas evoluem. Não há fixidez de uma mesma língua dita viva. Os "puristas", aqueles que deploram a evolução da língua, de seu léxico, de sua gramática, de sua ortografia — ah, a ortografia! —, de fato, eles são necrófilos, eles queriam a língua morta.

Mas de onde vêm os novos significantes? Não é do Outro, não é da realidade já ordenada, eles são, como Lacan insiste sempre, mais *ex nihilo* do que arbitrários, mas não sem relação com as experiências de gozo. Qualquer coisa pode ser elevada a significante num certo contexto, numa certa necessidade. Voltarei a isso, ao falar de outros textos em que Lacan caracteriza a fobia sem se referir ao pequeno Hans.

Já falei de diversos fenômenos ligados ao medo — do jogo ao pesadelo —, mas a fobia é um outro capítulo e nem todos os medos são fóbicos. Do pesadelo à fobia, não se trata da mesma problemática, mesmo porque o pesadelo, assim como o sonho, é uma produção efêmera do inconsciente. O sintoma não é uma produção efêmera, é uma produção que dura, que permanece, que temos bastante dificuldade em tentar fazê-la se mover. Entretanto, nas crianças, a menos que seja uma fobia radicalmente invalidante, não se tem interesse em tratar uma fobia. Por quê? Porque em geral ela desaparece sozinha. Isso dá argumentos extras a Lacan. No senso comum, costuma-se dizer: ele cresceu, criou juízo. Não é nada disso. Um significante somente adquire sua importância a partir de outros significantes. E à medida que a criança cresce, evolui na sua relação com o discurso do Outro, em seu próprio discurso, há outros significantes que se colocam em funcionamento, que adquirem função e que tornam a fobia inútil. Na maioria das fobias infantis, vê-se que, quando elas se tornam inúteis, o sujeito não precisa mais delas. E sem que necessariamente se tenha feito uma análise. É assim que se resolve a maioria das fobias das crianças.

QUATRO

20 de janeiro de 2016

Lacan, então, insistiu em demonstrar que o cavalo de Hans, nosso fóbico preferido, é um tigre de papel, ou seja, um significante. Esse significante nos introduz no registro do simbólico, e logo temos a ideia de que um passo é dado para esclarecer o fenômeno de um novo dia, que dissipa um pouco o mistério da fobia enquanto medo irracional, explicando seu motivo e indicando que a fobia é um significante e que responde do lado do sujeito aos significantes, mais do que aos significantes, ao discurso do Outro.

Em "A instância da letra", todos esses meses consagrados a Hans se resumem em um pequeno parágrafo, na p. 523 dos *Escritos*, e em um segundo, que generaliza as lições que devem ser tiradas de Hans no que diz respeito ao sintoma da neurose. Lacan evoca aí um Hans "abandonado aos cinco anos pelas carências de seu círculo simbólico", que desenvolveu o que ele chama de "o cristal significante da fobia", expressão que produz a imagem para significar que o significante da fobia, no singular, tem muitas facetas significantes. Voltarei a esse ponto. O que assinalo aqui é que a tese situa toda a problemática no simbólico, faz da fobia um advento de significante que, além disso, responde a um estado do simbólico aqui designado como carência. Estamos no capítulo dos milagres do simbólico? Não, isso seria excessivo e irônico, mas, em todo caso, estamos no capítulo dos poderes do simbólico. Isso faz igualmente da fobia um exemplo da fórmula mais tardia que Lacan deu em "Televisão": "O inconsciente, isso fala"[1]. De fato, dado que ela responde a um estado do simbólico.

Tendo chegado aí, tem-se a ideia de que Lacan dá a chave do mistério desse tipo de sintoma. Antes de ressaltar essa colocação em evidência, e para colocá-la em perspectiva, pois bem, gostaria ao menos de sugerir que a chave em questão bem poderia ser ela própria um mistério. Tenho mais o hábito de procurar a simplificação, mas agora gostaria de convocar as complexidades, não que queira confundir vocês, mas para induzi-los a não se contentar com falsas evidências. As falsas evidências são entorpecentes do pensamento; Lacan, aliás, dizia isso à exaustão, estamos ameaçados porque nos habituamos aos significantes, às fórmulas e, com o tempo, aquilo que sabíamos não compreender numa primeira leitura ou audição torna-se familiar, tão familiar que se pode repeti--lo de maneira plausível.

Sobre o significante

Muitos textos posteriores de Lacan indicam claramente que esta referência ao significante, que temos até agora mantido como uma evidência, aliás, não é assim tão evidente e é mesmo bem problemática. Foi Lacan quem

---

[1] LACAN, J. (1973) Televisão. In: *Outros escritos*. Tradução de Vera Ribeiro. Rio de Janeiro: Zahar, 2003, p. 510

lançou luz sobre isso. Por ocasião de um cartel sobre o seminário ...*ou pior*, olhei novamente para a questão e pude mensurar até que ponto Lacan colocou em questão sua própria construção. A fobia é um significante; o que, contudo, é um significante? Essa questão nunca foi dada por encerrada por Lacan, apesar de sua insistência no início; considerá-la como evidente é enganoso. O que foi que ele assegurou no que diz respeito a esse registro do significante? O significante é uma estrutura diferencial, um se distingue do outro, há uma combinatória metafórica e metonímica, S1 → S2. Um significante, então, é um elemento diferencial que se combina com outros. Poderíamos dizer: a essência do significante é a diferença, e é possível, portanto, colocar um significante, e outro significante e ainda outros etc. Isso parece muito simples, mas aqui Lacan levanta um problema que deveria nos deixar sem sono, ainda que ele exista desde a origem da filosofia e da matemática. O que é o Um, como definir o Um, dado que o significante é um... significante? Essa não evidência do Um significante é o que motiva todas as referências que Lacan faz às lógicas. Lembrem-se de Parmênides, Aristóteles, Platão, Euclides, Cantor, todos os matemáticos, o triângulo de Pascal e a teoria dos conjuntos. Ele cansou seus ouvintes e também seus leitores atuais, eu mesma passei por isso, mas não sem motivo, pois, se o significante se define como Um, definir o Um é um problema lógico complexo. Sabemos o resultado, ele se encontra na fórmula "Há do Um" [*Y a de l'Un*].

Antes mesmo da dificuldade com o Um, já havia a da combinatória significante: ela produz significado, seja significação ou sentido, ao passo que visa um referente. Essa distinção vem dos estoicos, não de Lacan. O referente é sempre fracassado, ainda que o significante produza apenas significado que, no fundo, vela, envelopa o referente. Lacan disse bem cedo: o significante não tem nenhuma espécie de sentido, isso já no seminário 11. No começo, ele denominava esse referente significável, já evocamos isso na última discussão. Ora, se a combinatória inconsciente do significante é o que faz o significante passar na articulação da fala, o real, aquilo que subsiste fora da simbolização, permanece inapreensível. Foi daí, creio eu, que Lacan foi levado a ressaltar outras funções do significante. Inicialmente, dizendo, depois de ter sublinhado que o sujeito é um efeito do significante, que não é um significante. "O significante representa o sujeito para um outro significante"[2], eis uma fórmula canônica à qual seria preciso submeter a fobia. O cavalo é o significante que representa o sujeito para um outro significante?

A fórmula "o significante representa o sujeito para um outro significante" bem poderia ser um elemento que teria levado Lacan a produzir a estrutura do discurso. O sujeito representado não é inerte, ele se move como a Coisa, e o discurso, no sentido banal, supõe um que fala a um outro, o que vai de par com um significante para um outro. Ora, esse discurso, cito ...*ou pior*, é "isto por meio do qual, pelo efeito puro e simples da linguagem, precipita-se um laço social"[3], o qual se define por uma

---

[2]LACAN, J. (1960) Subversão do sujeito e dialética do desejo. In: *Escritos*. Tradução de Vera Ribeiro. Rio de Janeiro: Zahar, 1998, p. 833.
[3]LACAN, J. (1971-1972) *O seminário, livro 19: ...ou pior*. Tradução de Vera Ribeiro. Rio de Janeiro: Zahar, 2016, p. 146-147, aula de 4 de maio de 1972.

ordem, fórmula habitual. Isso é conhecido. Mas é preciso acrescentar isto: só há linguagem estruturada porque há o dizer, isto é, sujeitos "que usam *lalíngua*", em outras palavras, sujeitos que falam, como Lacan enuncia no dia 24 de novembro de 1975, na Yale University[4]. Falar engaja a articulação significante, mas não somente ela, engaja o endereçamento, é o uso mais frequente da língua, o endereçamento de um a outro. Somos levados a perceber que o falar é causal com relação à *lalíngua*, a qual, por sua vez, marca antes mesmo de que a criança fale. Mas por que falamos? Várias respostas são possíveis. No discurso, o falar é agente e se fala para fazer para, para fazer andar ou não, para ensinar, para fazer falar quando é o analista, e, consequentemente, o analisante é aquele que "quer falar", quase sob ordem, "submeter à questão do mais-de--gozar"[5]. Não vou desenvolver isso, mas lembro que há um elemento não escrito nos discursos — S_1, S_2, $\$$, a, o dizer — que faz vir um elemento no lugar do agente. Com essa subordinação do significante ao dizer, amplamente acentuada no esquematismo do nó borromeano, espero que a tese que diz que o cavalo de Hans é um significante apareça menos esclarecedora ou, antes, ao menos que ela lance uma luz cheia de questões a serem resolvidas.

Os pais do seminário 7

Como Lacan trata o problema da fobia no seminário *A relação de objeto*, que termina em julho de 1957?

---

[4]LACAN, J. *Scilicet 6/7*. Paris: Seuil, 1975, p. 13.
[5]LACAN, J. (1970) Radiofonia. In: *Outros escritos*. Tradução de Vera Ribeiro. Rio de Janeiro: Zahar, 2003, p. 446.

Ele trata em função de suas elaborações anteriores e dos instrumentos conceituais que havia forjado. A estrutura da fala e a coisa freudiana já foram adquiridas, as datas o atestam. O seminário *As psicoses* precede "A instância da letra no inconsciente", de maio de 1956, quase no final do seminário; a metáfora do pai vai passar ao escrito logo depois, em dezembro de 1957 e janeiro de 1958; por uma segunda vez durante o seminário *As formações do inconsciente*. Entre a volta às atividades de 1955 e o início de 1957, ele já havia, então, proposto a preeminência do simbólico, e esclarecido o Édipo freudiano por meio do Nome-do-Pai, o significante dos significantes, e reformulado o mecanismo do recalque freudiano por meio da metáfora.

Nesse percurso, *A relação de objeto* está em posição mediana, e, de fato, poderíamos intitular esse seminário de o Nome-do-Pai completado: o pai simbólico, ele disse, é o Nome-do-Pai[6], mas há um outro. Ou seja, a metáfora concluída [*achevée*] — se "concluída" não tivesse um duplo sentido[7]. Ele já teria dado o passo que consiste em significantizar o pai edipiano, mas essa elaboração não recobriria tudo o que está em jogo no Édipo de Freud.

Quais são os fatos clínicos que Freud tratava de pensar ao construir seu Édipo? Do que ele queria dar conta com seu Édipo? Não eram as perturbações da saúde mental, a

---

[6]LACAN, J. (1956-1957) *O seminário, livro 4: A relação de objeto*. Tradução de Dulce Duque Estrada. Rio de Janeiro: Zahar, 1995, p. 374, aula de 5 de junho de 1957.
[7]Nota da tradutora: Em francês, o adjetivo "achevé" pode significar "acabado", "finalizado" (*un manuscrit achevé*, um manuscrito acabado), assim como "consumado" (*une pièce achevée*, uma obra consumada, perfeita).

psicose. Claramente era aquilo que ele considerava como perturbações sexuais. De início, os sintomas das neuroses eram pensados como substitutos anômalos do gozo dito sexual, é por isso que ele chama seus neuróticos de doentes. E, além disso, há também o que ele fala no início dos "Três ensaios sobre a teoria da sexualidade", o que se chamava na época de perversões, isto é, todas as práticas de gozo do corpo que não entravam na heterossexualidade clássica.

Isso é o mesmo que dizer que, para Freud, o Édipo foi feito para dar conta tanto da normalidade sexual como daquilo que faz exceção a ela. No início, parece justamente que ele tomou a heterossexualidade como natural, em seguida ele muda seu ponto de vista, vemos isso numa nota de 1915 que ele acrescenta a seus "Três ensaios", na qual, depois de ter falado do homossexual dizendo que não se trata de um perverso, ele diz que é a própria heterossexualidade que pede uma explicação, em outras palavras, que ela depende apenas da natureza. É por meio da construção, ao mesmo tempo, da historieta e do mito do Édipo que ele tenta responder. Nessa construção, ele reconheceu a fase fálica, a angústia e o complexo de castração como cruciais. Ele convoca, para explicar o pai castrador — assim como o pai de "Totem e tabu", o da historieta, como dirá Lacan para zombar —, aquele que goza da mãe, que é o seu proprietário. Já desenvolvi isto por ocasião das jornadas sobre *Os pais no século XXI*. De fato, esse Édipo de Freud se ajustava muito bem à estrutura da família monogâmica, com seu chefe governando mulher e criança. Isso fazia do pai o portador da interdição da mãe, da interdição do incesto.

Lacan desloca as coisas. Primeiramente, como psiquiatra, ele entra na questão para dar conta da saúde mental, da desordem da psicose, não da sexualidade. Além disso, o pai simbólico, o Nome-do-Pai, puro significante, "pai morto", diz Lacan para marcar essa redução à função do significante, é o pai da Lei, mas não existe um pai em particular, Lacan explicita isso de forma categórica: não é o genitor e nem o pai de família. É uma função de puro significante, que não é de castração. Não é o pai de carne e osso que haveria de ser temido, mas, pelo contrário, o pai regulador, pai da lei que permite, como ele dirá em "Subversão do sujeito e dialética do desejo", conciliar desejo e Lei. Mas, então, se é assim, resta a Lacan explicar aquilo de que o Nome-do-Pai não dá o motivo, a saber, aquilo que Freud chamou de complexo de castração do neurótico com sua angústia. E vê-se, com efeito, logo depois do seminário *As psicoses*, essa questão da castração ser atualizada por Lacan por meio do caso Hans, que ele convoca para esclarecer o complexo do neurótico, sua aparição, sua possível resolução e a função de seu pai. Ali ele traz algo novo com relação àquilo que precede, um pai que não é puro significante.

O tema da função do pai para Hans está patente nas explanações de Lacan, mas aquilo que convoca esse tema não é explicar a psicose, isso está bem nítido. Lacan toma como evidente que, no caso de Hans, não há foraclusão. Ele é um neurótico. Justamente por isso, ele demanda a seu caso que esclareça a função que tem o complexo de castração junto a um menino, e essa função é saber como um garotinho se torna um homem. Nesse momento, para Lacan, isso quer dizer um homem heterossexual que tem uma mulher. E Lacan desenvolve aqui uma tese que lhe é própria sobre o homem, no sentido sexual do termo, que será o pequeno Hans na saída de sua travessia da angústia de castração, na qual sua fase fálica culminou. Nada igual encontramos em Freud. Além disso, repete-se frequentemente essa tese sem questioná-la. Ele a introduz neste seminário, mas volta a ela em seguida, sobretudo no dia 14 de maio de 1970, em *De um Outro ao outro*, de forma um pouco diferente, como veremos.

É claro que Lacan não pode, apenas com o significante do Nome-do-Pai, responder a questão sobre a fabricação da norma hétero, e, com efeito, o vemos introduzir na questão do pai algo novo com relação ao seminário *As psicoses*. A ênfase estava colocada na foraclusão do significante, e Lacan insiste bastante em distinguir a presença do significante de toda presença de um pai da realidade, que ele chama agora de "pai real"[8]. "De uma questão preliminar..." explicita isso no ano seguinte: ao falar desse pai real, ele dirá, cito, que "sua ausência é mais que compatível com a presença do significante"[9]. Deixando claro: não é porque não há o dito pai de família, que não há o pai do café da manhã, como dizia Winnicott, que haverá psicose, e, reciprocamente aliás, constata-se isso: sua presença nem sempre evita a psicose. Com essa disjunção do significante e da pessoa, uma nova questão aparece: para que serve esse pai da realidade, esse pai de carne e osso, que ele designa como pai real, aqui claramente definido

---

[8]LACAN, J. (1959) De uma questão preliminar a todo tratamento possível da psicose. In: *Escritos*. Tradução de Vera Ribeiro. Rio de Janeiro: Zahar, 1998, p. 563.
[9]*Ibid.*

não apenas como o pai da criança, mas como o homem da mãe, no sentido sexual? A resposta não deixa dúvidas: esse "pai real", entre aspas, serve à normatização sexual. Eis todo o problema da junção entre a função do pai e a função sexual. Bem logicamente em seu esquema dos diversos tipos de falta em *A relação de objeto*, conforme ela seja privação, frustração ou castração[10], Lacan refere a castração ao pai real, a castração que é uma falta simbólica que incide sobre o objeto imaginário. Vê-se como, em seu comentário, ele não hesita em marcar que essa normatização falha em Hans, e ele chega até mesmo a predizer o que será sexualmente o homem-Hans. É até mesmo mais preciso: ele será hétero, mas com uma heterossexualidade um pouco desviante. Sobre esse desvio, há muitos textos, voltarei a isso. Encontra-se o mesmo tema em *As formações do inconsciente*, como desenvolvi no ano passado, creio, não basta ser hétero, é preciso sê-lo da forma certa, e a forma certa é aquela que permite a uma mulher se situar corretamente com relação ao homem e à criança, e ao homem, se situar com relação à paternidade. Esse pai que possui a mãe fazia, em todo caso, do casal heterossexual da família a condição que devia permitir à criança sair do complexo de castração com uma identificação conforme a seu próprio sexo, assegurando a sexualidade heterossexual normatizada. Esse pai real, é claro, sobredetermina a leitura da metáfora, e quando Lacan escreve pai, lê-se ao mesmo tempo Nome-do-Pai

---

[10]LACAN, J. (1956-1957) *O seminário, livro 4: a relação de objeto*. Tradução de Dulce Duque Estrada. Rio de Janeiro: Zahar, 1995, p. 203, aula de 6 de março de 1957.

e pai real, que, por ter relações sexuais com a mãe, dá sentido fálico à falta da mãe, essa falta simbolizada por seus vaivéns, que é puro mistério, um x, ele lhe confere seu significante, o falo, e correlativamente a significação fálica da falta maternal (-φ). Se é preciso isso, esse pai real, com um verdadeiro falo e que funciona como deve, diz Lacan no final do seminário, um falo "suficiente", esse é seu termo, se é preciso esse pai para fazer um homem, bem, então o casal parental determina a sexualidade por vir do filho e de sua descendência.

Não diremos que Lacan não acreditou no Édipo freudiano, ele procurou caucioná-lo, reforçando-o com a racionalidade que aí introduz o significante com suas leis. Vê-se bem que isso não se ajustava completamente à experiência, e Lacan não perseverou nessa direção. Sua fórmula final — "Eles se autorizam por si mesmos, os seres sexuados"[11] — indica suficientemente que não há Outro, nem pai, portanto.

O pai e o falo

Essa normatização que supõe um duplo pai, o do nome e o da carne, evidentemente coloca em jogo um outro significante, diferente daquele do pai e diferente também do tigre de papel que a fobia fabricou, é o significante... falo. De início, para Lacan, esses dois significantes, do pai e do falo, estão ordenados de forma que o segundo está subordinado ao primeiro, o significante fálico ao do pai, assim como o imaginário está subordinado ao simbólico.

[11]Aula de 9 de abril de 1973 do seminário *Les non-dupes errent* (inédito).

Ora, qual é a função do falo? Ela é dupla: a primeira é uma função de identificação narcísica. O falo exerce a função de significante terceiro, que se acrescenta aos dois polos da identificação do estádio do espelho, a → a'. Ele é então, de início, suporte do narcisismo, se prestando a uma "identificação primordial", essa é sua expressão, a um significante do Outro. Essa é a primeira função, sublinhada por Lacan, para iluminar a psicose na qual essa identificação supostamente falta. Ele postula isso com relação a Schreber: ele não pôde ser o falo que falta à mãe. Essa identificação tem um mérito, dado que de um significante do Outro, o falo, ela faz aparecer um significante do ser do sujeito, ela conecta, portanto, seu próprio ser corporal, sua existência e sua imagem do corpo ao campo do Outro. Essa identificação é como um primeiro grampeamento, se assim posso dizer, do indivíduo ao Outro, do real ao simbólico. É isso que, no início, está em jogo em todas as discussões sobre a psicose. O significante produz o significado, mas ele falha quanto ao real, não diz o real, mas tem, entretanto, poder sobre o imaginário e o real. O falo, significante da metáfora, não é um significado qualquer, é um significante de exceção, "fora de par", ao passo que todos os outros vão conjuntamente com os significantes diferenciais.

Ele está no Outro. Sobre isso Lacan é categórico, ele é o significante da falta, ainda uma fórmula canônica, especificamente da falta do desejo, o qual, Lacan insistiu bastante nisso, se encontra no Outro com seu significante. A ênfase é colocada sobre a falta do Outro, essa foi uma contribuição importante do seminário *A relação de objeto*, e Lacan estava indo na contracorrente de todo

20 DE JANEIRO DE 2016

o movimento psicanalítico ao introduzir a ideia daquilo que conta estruturalmente na relação com o objeto primordial do Édipo, é a presença de sua falta, não uma presença real, não seus dons, não sua bondade mais ou menos suficiente. Esse significante é, portanto, o significante da castração do Outro, e a identificação narcísica que ele permite é uma identificação à falta do desejo do Outro, uma primeira identificação de alienação à falta do Outro. Os leitores de Lacan estão habituados a essas fórmulas, mas há, entretanto, uma dificuldade, pois o termo Outro não é unívoco. Ele designa o lugar do estoque significante da linguagem ou de *lalíngua*, que não é um ser vivo, mas designa também o primeiro suporte desse lugar: a mãe que o torna presente por meio de sua fala. Ora, a fala certamente é estruturada pela linguagem, é verdade, mas ela veicula aquilo que, embora estruturado, não é a linguagem, a saber, o desejo e o gozo. Encontramos, assim, com relação à mãe, a mesma divisão que existe para o pai, a mãe como lugar e a mãe como pessoa com uma subjetividade sexuada. Daí surgiu a ideia da causalidade maternal da foraclusão eventual do significante do pai, ao passo que, quanto mais Lacan avançava, mais ele fazia do pai uma condição da foraclusão — confiram *RSI* —, com um pai "modelo" da função Pai.

Um parêntese. Essa primeira identificação, que chamei de alienação, não deve ser confundida com a alienação de que Lacan fala no seminário 11. Nesse seminário, a identificação à falta do Outro é uma identificação de separação: ela separa da alienação aos significantes, especialmente os significantes da demanda do Outro, ela libera, portanto, da identificação aos *oukazes*[12], aos oráculos formulados pelo Outro. Lacan a retoma quando define a separação, em 1964, em termos não mais de falo significante, mas de objeto *a*.

Essa identificação ao falo maternal foi muito ilustrada por Lacan com relação a Hans e sua mãe no *hic et nunc* da vida familiar. E essa falta é o pai que a sobredeterminava, conferindo-lhe seu significante, o falo. Consideramos essa solidariedade entre o significante do pai e o significante fálico como algo consolidado, mas traz problemas. Em meu último livro, *Lacan, leitor de Joyce*, mostrei isso nas últimas elaborações de Lacan, mas o problema estava lá desde o início, ao menos se questionarmos aquilo que lemos.

Na verdade, para ser preciso, ele subordinou ao significante do Pai não tanto o significante fálico, mas sua aparição no imaginário. É isso que está inscrito no esquema R da neurose e na metáfora paterna, e implicado em negativo no esquema I de Schreber. O pai faz aparecer o falo no imaginário da significação. Isso não indica exatamente a origem do falo enquanto significante, mas seu lugar possível na estrutura de um sujeito. Então, antes de existir para a criança em seu imaginário e de poder se prestar a uma identificação narcísica, onde estava esse significante? No Outro, na mãe — e o tema é conhecido: o falo se localiza no Outro como significante de sua falta, ao passo que o pênis só está no macho [o pai], e não como

---

[12]Nota da tradutora: Na Rússia imperial, era uma proclamação do czar, do governo ou de um líder religioso (patriarca) que tinha força de lei. Na terminologia do direito romano, "ucase" seria equivalente a um "édito ou decreto" do imperador.

significante, como órgão. Como o falo adveio ao discurso desse Outro materno? A primeira construção de Lacan permite somente uma resposta: por meio da operação do Nome-do-Pai. Mas, então, isso remeteria toda a questão à infância da mãe, ao sujeito que ela teria sido, conforme terá havido ou não para ela a foraclusão do falo em seu imaginário, como efeito da foraclusão ou não do Nome-do-Pai no simbólico. A partir daí, toda a questão se encontraria remetida ao infinito, em outras palavras, inapreensível, e quando digo questão, trata-se da questão da presença do falo na linguagem, quer dizer, a questão daquilo que chamei de sua genealogia.

Essa solidariedade do significante do pai e do significante falo seria evidente só se o pai fosse o genitor, pois genitor supõe o pênis que seu poder de geração de corpos faliciza. Seria, pois, facilmente concebível que o falo seja o significante do poder, ao mesmo tempo, sexual e geracional do genitor. Mas Lacan insiste desde o início em dizer que o pai não é o genitor, não é, portanto, aquele que intervém no ato que preside à produção dos corpos, e, consequentemente, se o significante Pai tem um poder, este não é o poder espermático dos espermatozoides. E Lacan se refere à cegonha que traz as crianças para indicar que o pai real que possui a mãe está ele mesmo separado do genitor. Aliás, um significante não tem muito a ver com a vida dos organismos, ele tem uma materialidade, mas ela não é carnal. Lacan finalmente separou, sem equívoco, o pai e a sexualidade enquanto reprodutora. Mas todo o seminário e o caso Hans foram feitos para nos explicar o papel do significante fálico nesse nível da fabricação do homem hétero. Na sexualidade, o significante do

Nome-do-Pai não está presente, mas o falo sim, está. Aliás, entendemos aí a lógica que conduziu Lacan, com relação ao caso Hans, e à qual já aludi anteriormente: ele é obrigado a convocar mais que o Nome-do-Pai, um outro pai, se é que posso chamar assim, que ele chama de "pai real", é aquele que tem relações sexuais com a mãe, o homem da mãe, na medida em que ele intervém no nível do ato sexual. E Lacan afirma aí uma carência do pai, nova, que não é a foraclusão do significante, mas do pai de carne e osso.

De fato, na sua construção, é preciso que o pai da criança, aquele que é chamado pai sem que isso designe o genitor, seja ao mesmo tempo o homem da mãe. Os textos são categóricos. Questionando a função do pai no complexo de Édipo, ele diz: "o pai é aquele que possui a mãe" (ele havia dito um pouco antes que é aquele que tem relações sexuais com ela), "que a possui como pai, com seu verdadeiro pênis, que é um pênis suficiente, à diferença da criança que, quanto a si, é presa do problema de um instrumento ao mesmo tempo mal assimilado e insuficiente"[13]. Vocês veem a consequência: essa tese faz de um pai real sexuado, ou melhor, do casal hétero dos pais se não a causa, ao menos a condição principal daquilo que será a posição sexuada do filho, a falência do pai real sendo a falência no nível do casal heterossexual, com a carência do lado do castrador, e é isso a carência do pai de Hans: não ter relações sexuais com a mãe. Emprego

---

[13]LACAN, J. (1956-1957) *O seminário, livro 4: a relação de objeto.* Tradução de Dulce Duque Estrada. Rio de Janeiro: Zahar, 1995, p. 373, aula de 5 de junho de 1957.

essa expressão crua, foder [*baiser*], que é de Lacan, pois ela marca bem a distância do significante. Aliás, ele critica Freud e essa cura que recorre a um escoramento em algo como um superpai [*sur-père*], um pai incrível [*un père super*], o próprio Freud, sob o pretexto de interpretação, "sempre soube que...", faz uma bela injeção de Édipo clássico no pequeno Hans, que Lacan, aliás, recusa, chamando-a de "imperialista" em *De um Outro ao outro*, na lição de 14 de maio. Mas, para Hans, em 1957, toda a tese de Lacan é que o problema não é o do Nome-do-Pai, mas do pai na cama da mãe. Cito Lacan a propósito do pai de Hans: "O que é notável no caso do pequeno Hans é, ao mesmo tempo, a carência e a presença do pai — carência sob a forma do pai real, presença sob a forma do pai simbólico, invasor"[14]. Esse pai, definido por ter relações sexuais com a mãe, dito "pai real", que restabelece o sexo na questão, fazia do casal heterossexual da família, em todo caso, a condição que deveria permitir à criança sair do complexo de castração com uma identificação conforme a seu próprio sexo, assegurando a sexualidade heterossexual normatizada. Isso fica bem explícito também no seminário *As formações do inconsciente*. Vejam o que isso parece implicar: para que um homem tenha relações sexuais com uma mulher, não uma qualquer ou as mulheres, mas a sua mulher, é preciso que o pai tenha tido relações sexuais com a sua, a mãe da criança. Um pouco problemático, até mesmo cômico, isso visto hoje, não?

---

[14]LACAN, J. (1960-1961) *O seminário, livro 8: a transferência*. Tradução de Dulce Duque Estrada. Rio de Janeiro: Zahar, 2010, 2ª edição, p. 446.

DISCUSSÃO

Pergunta: Quando a senhora fala de remeter ao infinito, será que, justamente com o pai, não há uma busca de estofamento, algo, um dizer que vai tentar englobar?

C.S.: Quando disse que há uma remissão ao infinito, não era com relação ao Nome-do-Pai. É verdade que o Nome-do-Pai, na metáfora paterna, é justamente aquilo que impede a infinitização do discurso, que faz ponto de estofo, que faz com que — e podemos marcar isso no grafo (havia feito isso, penso) —, seja qual for a extensão do discurso, sua multiplicidade, sua riqueza, os reluzires de todas as significações produzidas, haja uma só significação que se impõe, a significação fálica. No início, o pai é justamente o ponto de estofo do sistema simbólico. Falarei disso no próximo encontro de maneira mais precisa acerca daquilo que ameaça Hans em seu momento de angústia. No grafo do desejo, podemos colocar o Nome-do-Pai à direita, no lugar do Outro que produz, e à esquerda, no nível do significado, a significação fálica.

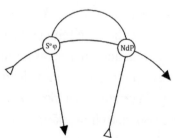

Lacan foi além do Édipo, mas a questão daquilo que dá estofo ao discurso ainda assim se apresenta. É por isso que Lacan, no seminário *Mais, ainda*, volta a coisas que ele havia destacado em "De uma questão preliminar...", ou seja, sobre as frases interrompidas de Schreber, que lhe parecem um fenômeno típico da psicose, porque é uma frase que não vai até seu ponto de estofo. O que queria assinalar é outra coisa, é a distinção entre o lugar do significante falo no imaginário, na significação, e a presença do significante fálico, dado que no início Lacan postula sua ausência na psicose. Quando está ali é que ele está colocado no outro materno, sobredeterminando a falta que a linguagem é suficiente para produzir. Mas pode-se colocar a mesma questão ao Outro materno, não se sai do esquema, que apenas nos diz onde se coloca o significante fálico, mas não diz o que o faz emergir, o advento, para retomar o termo de Lacan.

Insisto nesse ponto por uma razão clínica bem precisa: tenho ouvido falar há anos que na psicose não há a função fálica, posto que não há Nome-do-Pai. Eu mesma, em alguns casos, retomei isso do Lacan dos primórdios. Mas depois que nos deparamos com e em Joyce, que muitos postulam ser psicótico, há a função fálica! Para Lacan, quando ele escreve o nó do início de *RSI*, ele situa o gozo fálico entre o simbólico e o real. Isso não diz respeito ao imaginário, e ele nos diz que é daí que vem a escritura de *Finnegans Wake* e as epifanias. Ele diz, então, uma escritura das epifanias, que são puro gozo fálico. É preciso, pois, saber... e há o lapso do nó, o imaginário não está ali, o gozo fálico, sim, o nó não está. Em termos anteriores, se diria que o Nome-do-Pai não está ali, e, no entanto, há gozo fálico. Isso vai bem longe. Lacan formulou isso no seminário

O sinthoma: ele diz que, no fundo, o gozo fálico é aquilo que se representa como poder, o fálico é o registro do poder. É assim que isso funciona no discurso comum. Quando se fala que uma mãe é fálica, fala-se de uma mãe muito poderosa. O registro fálico designa o poder: sexual, político, discursivo, artístico etc.

É impossível sustentar que na psicose não há o fálico. É verdade que há psicóticos abúlicos, psicóticos doentes, com uma total falta de ambição, de afirmação de si, que de forma alguma buscam o poder, mas isso não é o mais frequente, pois há também psicóticos que têm um superpoder de réplica, de ambição, de afirmação de si. A teoria, ainda assim, não pode contradizer o que se constata na clínica.

Pergunta: *De que, no cavalo, Hans tem medo?*

C.S.: Hans tem medo do cavalo, mas de que no cavalo? Que ele morda, caia, dê coices, há uma toda série de outros significantes que podem ser declinados a partir do cavalo. No fundo, o cavalo é o Um de toda uma série de significantes que o pequeno Hans vai declinar de forma diferente, mas um tanto homóloga com o que se faz na análise do Homem dos Ratos. No rato, tem-se um primeiro significante de gozo, e, neste caso, não se trata de fobia, nem de medo, mas na análise, graças à análise, há uma série de significantes que se colocam em série, de certo modo. O que Lacan chama de "o cristal linguístico" é bem próximo da série que Freud construiu. Há o rato, mas o rato é o excremento, é o dinheiro, é a criança, é o falo. É uma forma de se exemplificar o fato de que um significante não anda nunca sozinho. O significante cavalo não anda sozinho, ele invoca outros significantes.

Pergunta: Existem em Lacan três acepções do phi. *Então, quando se diz que não há significação fálica, de qual* phi *se fala?*

C.S.: Há, na verdade, uma evolução nas escrituras. No início, Lacan escreveu *phi*, significantes da identificação; em seguida, *menos phi* (-φ), significante da castração, que é primeiramente do Outro; e, em seguida, quando se chega à "Subversão do sujeito", ele escreve *grande Phi* (Φ), significante do gozo. Aí não se está mais na questão da falta do desejo, mas no significante do gozo. E em seguida ele escreve "função fálica" em "O aturdito", ele retoma o *grande Phi (Φ)*, significante do gozo castrado pela linguagem, na qual "todo sujeito" se inscreve. É que, nesse meio tempo, Lacan produziu seu objeto *a*, efeito da linguagem sobre o ser vivo, o que ele escreve S, o sujeito "natural", no seminário *A angústia*. Esse objeto escreve uma falta que não é a falta a ser do $, uma falta de uma parte de vida que vale para todos, cuja primeira aproximação foi a sua construção das pulsões parciais e que desloca aquilo que havia sido formulado até "Subversão do sujeito e dialética do desejo", com o único significante fálico.

(Pergunta sobre a diferença entre Piggle e Hans)

C.S.: Não diria que é pelo Outro que essa diferença se dá. Há diferença por causa da resposta do sujeito, tanto o cavalo como o Babacar são produções do pequeno sujeito, não do Outro. Poderíamos comparar aquilo que sabemos da mãe de Hans com o que sabemos da mãe de Piggle, mas não estaria aí a diferença principal. A diferença principal é que o sujeito não produziu a mesma coisa. A primeira grande diferença entre o Babacar e a fobia é que o Babacar está por toda parte, a fobia não; o cavalo está localizado, é um objeto localizável. Como dizia no último encontro, isso organiza o espaço, a circulação, os movimentos, é um grande benefício no que diz respeito à angústia. Quanto à pequena Piggle, temos testemunhos de que o Babacar está por toda parte, sempre, e no texto é explicado como, em certos momentos, ela está brincando toda contente e, de súbito, para, faz uma cara de preocupação e diz "o Babacar".

Não há refúgio, esse não é um sintoma, é um nome de sua angústia, de seu pânico, se quisermos, com a ressalva de que nem todos os pânicos produzem nomes. Aí há um pequeno sujeito que, antes, vai bem, que está num momento de crise infantil, que tem meios e que produz algo. Pode-se dizer que é seu inconsciente que produz, é ainda assim ela. Ao passo que o pânico, no sentido forte do termo, é uma crise de angústia, de desorientação, em que não há mais palavras.

Pergunta: Pode-se falar de fobia na psicose?

C.S.: Não está excluído que, na época da metáfora, não se teria podido sustentar que não há fobia na psicose, dado que, no fim do seminário, Lacan acaba dizendo que, no fundo, a fobia é um significante que faz suplência ao Nome-do-Pai. Ele situa o sintoma fóbico como correção, suplência à carência do pai de Hans, portanto, evidentemente a carência do pai de Hans não sendo a ausência do significante, mas a do pai do sexo. Isso talvez fosse no sentido: não há fobia na psicose. Tudo depende de como se pensa a psicose. Para responder à questão "será que na psicose existe isso ou aquilo?", sou obrigada a me referir a como você concebe a psicose, em qual construção você a considera. Por exemplo: Lacan definiu o significante no real com relação à psicose e à alucinação mental, verbal, fenômeno que se considera como paradigmático da psicose como estrutura clínica. Somente no final o inconsciente é o significante no real, fora de cadeia, o do neurótico, do perverso. E Lacan vai terminar fazendo da fobia o fenômeno de base de toda clínica e a porta de entrada do inconsciente. Voltarei a isso.

Pergunta: Freud inventa o traumatismo nessa primeira cena de sedução da pequena Emma, a fóbica das lojas?

C.S.: Há um primeiro momento que será rememorado, quando o vendedor velho e enrugado coloca a mão sobre seus órgãos por baixo da saia. Aos doze anos, ela entra numa loja onde um jovem a perturba, os vendedores debocham, fazem gozação. E é nesse momento que se desencadeia a fobia. Com relação a isso, Freud introduz a noção de traumatismo *a posteriori* [*après coup*]. Isso coloca a questão do sintoma metáfora. Freud se utiliza desse caso para introduzir a primeira mentira, *proton pseudos*, é o deslocamento significante. Desliza-se da perturbação sexual sentida para o lugar onde isso se produz, a loja. O *proton pseudos* combina muito bem com a ideia de que o sintoma é uma metáfora. Há um primeiro significante, que indexa uma cena traumática, e outros significantes se substituem a ele metonimicamente. A interpretação e o trabalho analítico consistem em reconstituir a cadeia.

No caso Emma, vejo as coisas assim: a constituição de um sintoma mentiroso, isto é, da metáfora da loja. Esse é um sintoma mentiroso, ele dissimula num momento posterior [*après coup*] sua origem, a saber, a perturbação sexual. Ele dissimula, mas os rastros não são apagados, só que, para que um rastro conte, é preciso que ele seja ativado, e o que ativa o traço significante é uma outra perturbação sexual. É quando reaparece aquilo de que o significante era o significante, a saber, a perturbação sexual, que se encontra o primeiro rastro, a lembrança da primeira cena. Ela, portanto, não havia sido apagada.

CINCO

3 de fevereiro de 2016

Terminei o encontro passado falando sobre as posições edipianas muito normativas de Lacan. Para ser justa, é preciso medir o que elas devem ao contexto. Lacan se formou como analista didata da IPA somente em 1953, data da primeira cisão, e foi justamente na época da retomada das atividades em 1956, no final do seminário sobre Hans, que ele escreve "Situação da psicanálise e formação do psicanalista em 1956". Em que pé ele está, então, no momento desses avanços inéditos? Ele produziu o Nome-do-Pai, ou seja, a ideia de que a paternidade é o que ele chamava de simbólico, não é a reprodução dos corpos, a herança de bens, a transmissão da vida ou a transmissão do capital. O que, aliás, está implicado quando se diz que alguém é ou foi um pai espiritual. Mas, ao mesmo tempo, Lacan se formou conforme a doutrina do momento, a da IPA, que ele teve que assimilar querendo ou não, caso contrário, não teria sido didata. Ora, a tese era então de que uma análise bem-sucedida deveria terminar com a heterossexualidade, a que se deveria acrescentar, além disso, a maternidade para as mulheres e a paternidade para os homens. É essa versão do Édipo que Lacan examina com atenção ao longo do seminário

A relação de objeto, como disse, tratando de introduzir aí mais racionalidade estrutural. No final, ele escreve o panfleto "Situação da psicanálise", no início do ano letivo de 1956, em que denuncia justamente o assujeitamento intelectual próprio à formação nessa associação, a conformidade que ali preside às cooptações e a anquilose do pensamento que reina nesse meio. Ele sabe do que está falando, e nós sabemos o tempo que ele precisou para se desfazer dessa herança funesta. Tempo mais longo do que o necessário para se fazer uma cisão.

Primeiro "advento do real"?

Volto à fobia de Hans, seu primeiro sintoma. Qual é o fator que causa — essa é a palavra justa — a angústia de Hans? O principal fator é o Outro, aqui o significante mãe. Que mãe é essa? Pode-se dizer que ela só quer falo sob a forma precisa da criança que ela tem, criança fálica, é bem verdade, mas até mesmo mais do que isso, o que vou chamar de criança "transicional". É uma criança completamente incluída num erotismo materno, que não deixa lugar ao falo do parceiro sexual, o marido e pai da criança. Provavelmente com essa mãe, judia e inteiramente dedicada ao progresso, se trate daquilo que Lacan ressalta, daquilo que ele chamou de greve histérica do corpo. Seja como for, de acordo com a expressão que Lacan empregará mais tarde em *De um Outro ao outro*, toda a pessoa de Hans é sintoma. Ele é objeto mais-de-gozar que responde ao desejo materno. Em 1969, Lacan dirá que a criança sintoma encarna a verdade do fantasma parental, e creio que é isso que justifica que ele diga mais tarde que é possível haver relação sexual entre as gerações.

Em geral, imagina-se que essa afirmação faz alusão ao incesto, mas não penso que seja esse o caso, pois o ato incestuoso não faz relação [*rapport*], assim como o ato sexual em geral. Mas dizer *criança sintoma* significa que o gozo da criança vem não apenas se ligar, mas se ajustar ao metabolismo de gozo do casal ou de um dos pais, que há, então, complementaridade entre os gozos. Ora, isso seria a relação sexual, o par de dois gozos complementares que se fusionam. Então, para Hans, num primeiro tempo, não há angústia, mas um jogo identificatório que o inclui no erotismo materno, temos todos os detalhes disso, ela o leva até mesmo ao banheiro. Ele é, portanto, complemento de sua falta, seu falo — tempo ausente em Schreber, se acompanharmos "De uma questão preliminar..."

A angústia só vai aparecer depois, com um fator real, as primeiras ereções, quando o órgão se manifesta, afirma sua autonomia antes da autonomia do sujeito. É um ponto obscuro no jogo com o Outro, pois a mãe não o quer, não mais que o do pai, "é uma sujeira", diz ela. Quanto às crianças da reprodução, elas nada devem ao pai, dado que vêm... da cegonha. A referência à cegonha, com a qual já há muito pretendemos enganar as crianças, é interessante. Crê-se que ela foi inspirada pelo pudor e que visa justamente dissimular o coito parental. Mas notemos que, ao evocá-lo, já se está separando pai e genitor. A cegonha é uma espécie de Nome-do-Pai. Ela não é um tigre de papel, vejam; seria, antes, algo como um Papai Noel, um significante diferente, talvez o mesmo que faz com que o feixe de Booz não seja avarento, conforme o comentário de "Booz adormecido" que Lacan faz em *As psicoses* e que retoma em "A instância da letra"! Quanto a Hans, ei-lo com um pênis, um pênis sem falo, segundo Lacan, o que também é um pênis sem utilidade na relação com o Outro, um gozo real que bate na porta, que pede para ser significantizado, assim como foi o ser do sujeito na primeira identificação. Angústia aí para essa criança que, até então, encantava todo mundo desfilando diante das meninas como um verdadeiro homenzinho, conforme a expressão consagrada. Precisa-se no caso que ele as abraça, as cerca com seus braços — sem dúvida ele viu este gesto em seu pai. Vê-se bem que essa angústia surge em decorrência de um real, um primeiro gozar, poderia até dizer em decorrência de um primeiro "advento do real", fora de sentido, que não vê como se alojar no Outro, inscrever-se sob um significante do Outro. Um parêntese: na verdade, esse é o segundo advento de real, o primeiro sendo o nascimento, a aparição de sua estúpida e inefável existência. O problema para ele, segundo Lacan, p. 308 e p. 290, é "de integrar o real de sua genitalidade", mais precisamente de passar de "uma apreensão fálica da relação com a mãe a uma apreensão castrada de relações com o conjunto do casal parental"[1]. O implícito dessa afirmação é de que é preciso que a castração funde a genitalidade masculina, e todo o seminário tende a demonstrar que supõe mais que o Nome-do-Pai, supõe o pai real em ato no casal para significar ao filho que ele não tem falo a título de símbolo. Lacan formulará mais tarde que aquilo que se transmite de pai para filho é a castração.

Aqui, um inciso: com as tais fórmulas, poderíamos dizer, faço aqui um pastiche, "os seres sexuados, eles se

---

[1] LACAN, J. (1956-1957) *O seminário, livro 4: a relação de objeto*. Tradução de Dulce Duque Estrada. Rio de Janeiro: Zahar, 1995, p. 290.

autorizam do casal parental", ou "os seres sexuados se autorizam do pai real", tal como definido na época. Lacan não estava ainda no ponto de dizer algo que significaria uma completa reviravolta, que "os seres sexuados se autorizam de si mesmos".

O significante da fobia, sua função

A fobia, então, converte a angústia inspirada pelo Outro em medo do cavalo. Toda a questão se resume em saber qual é a função da fobia. Estamos acostumados a falar da função do Pai, da função do falo, mas há também a função do sintoma. Para Freud, todo sintoma é uma formação de gozo, uma primeira mentira sobre o gozo. Ele percebeu isso com Emma, a pequena fóbica das lojas, cuja primeira perturbação sexual se deslocou para o significante "loja". O que acontece com o significante que é o cavalo de Hans? Lacan não tem a resposta de antemão. Ele a procura, nós o vemos procurar e avançar por etapas, dando à questão várias respostas sucessivas.

O cavalo é o significante de quê? Significante do objeto da angústia, que ele transforma em medo. Cito: " a função da fobia é substituir o objeto da angústia por um significante que causa medo"[2]. O significante da fobia, portanto, substitui o objeto de angústia. Isso faz da fobia um simples deslocamento, vantajoso, é verdade, mas nada além de um deslocamento do problema do sujeito. Em virtude de seu medo, Hans diz que "é por causa do cavalo", mas de onde vem o temor, a angústia? Ela vem

---

[2]LACAN, J. (1968-1969) *O seminário, livro 16: de um Outro ao outro*. Tradução de Vera Ribeiro. Rio de Janeiro: Zahar, 2008, p. 297, tradução modificada.

do Outro, não há dificuldade sobre esse ponto. O medo do cavalo, tigre de papel, é proporcional à sua angústia frente ao Outro, Outro traumático. O Outro traumático de que se fala aqui é um Outro que não permite à criança significantizar seu órgão sob o significante fálico, o que o confronta, portanto, muito claramente em um momento de foraclusão não do Nome-do-Pai, mas do órgão falicizado. Em que isso é uma ameaça e o que está ameaçado?

Lacan responde claramente a essa questão, mas mais tarde, em *A transferência*, em 1961. Ali se vê nitidamente que ele faz da fobia mais do que um deslocamento da angústia, um esboço de solução. Esse ponto é essencial, e ele o introduziu a partir do fim de *A relação de objeto*. A ameaça à qual responde a fobia situa-se no duplo nível da função do significante do falo: por um lado, sua função na identificação narcísica de que falei, constituinte do eu ideal, e, por outro, no desejo sexual. Segundo Lacan, a fobia trata a ameaça nesses dois níveis. E o vemos sustentar primeiramente que a fobia é um apoio do desejo e que ela evita, assim, a aniquilação narcísica. Cito: "a fobia [...] não pode se definir de outra maneira que não pela seguinte: ela serve para sustentar a relação com o desejo sob a forma da angústia" e, ainda, "a fobia é realmente a manutenção da relação com o desejo na angústia"[3]. Em "Observação sobre o relatório de Daniel Lagache", ele reafirma, na p. 689 dos *Escritos*, o fato de que a fobia responde à "ameaça do desaparecimento do desejo" num

---

[3]LACAN, J. (1960-1961) *O seminário, livro 8: a transferência*. Tradução de Dulce Duque Estrada. Rio de Janeiro: Zahar, 2010, 2ª edição, p. 446, aula de 14 de junho de 1961.

sujeito reduzido à função de objeto. Mas há também a ameaça narcísica, ele diz na mesma lição de junho de 1961: "Lembrem-se do pequeno Hans. É no momento em que o desejo se encontra sem defesa com relação ao desejo do Outro", o momento, portanto, em que a criança caiu na armadilha como objeto do desejo do Outro, quando o Outro "ameaça as margens, o limite, i(a)"[4], é então que o sujeito constitui uma fobia. Assim, Lacan coloca em paralelo a ameaça sobre o desejo e a ameaça narcísica sobre a imagem. Com efeito, a identificação especular, que é o primeiro núcleo do eu ideal, coloca limite à absorção nas voracidades do Outro, pois ela estabelece um primeiro núcleo de identidade. A tese, portanto, é que quando esse limite está ameaçado, como provam as angústias de ser devorado, de absorção no Outro, então a fobia restabelece, por meio da ereção de um significante, aqui o "cavalo" do sintoma, a dimensão do desejo. Estamos aí no terreno da separação do objeto primordial. Vê-se bem que, para Hans, é quando ele é colocado em causa pela posição da mãe, a partir do momento em que o pênis se manifesta, que a fobia se desencadeia.

Como entender que ela sustenta tanto o narcisismo quanto o desejo? Habitualmente, opõe-se esses dois, um deles — o desejo — tendo até mesmo boa reputação, e o outro — o narcisismo —, má reputação. Mas essa é uma leitura equivocada de Lacan. Lembro que inicialmente há uma relação entre o eu ideal, cujo primeiro núcleo é i(a), e o desejo. O eu ideal começa com a imagem especular, mas se completa, e de forma específica, com o que

---

[4] *Ibid.*, p. 478, aula de 21 de junho de 1961.

Lacan chama, em 1958, de o narcisismo do desejo. Lacan escreve essa ligação no esquema R e no grafo do desejo. No esquema R, do lado do imaginário, onde se vê que a identificação fálica, que conecta o sujeito ao Outro, se intensifica, isto é, confirma a identificação primária com a imagem do estádio do espelho.

No grafo do desejo, a coisa está ainda mais legível, comentei isso no ano passado, o vetor retrógrado do desejo fecha a via imaginária, é esta a expressão de Lacan, inaugurada pelo estádio do espelho.

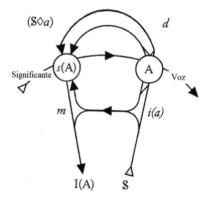

A tese é nítida, o narcisismo da imagem se intensifica por um "narcisismo do desejo", o qual se sustenta pelo significante fálico. Quanto à fobia que responde à ameaça de anulação, em decorrência da opacidade do Outro, da elisão fálica no discurso do Outro, ela seria, então, como uma restauração bizarra da dimensão do desejo, desejo ameaçado pela possessão materna. Portanto, a primeira tese — segundo a qual o cavalo significantiza a mãe devoradora, representando, pois, o Outro traumático — é insuficiente. É preciso completar a fórmula com, cito Lacan no mesmo texto, "um suplemento", pois o cavalo que morde não é apenas o crocodilo materno. "Aquilo que lhes expliquei longamente, a propósito do pequeno Hans, ser a função do objeto fóbico, a saber, Φ, grande Phi. No objeto fóbico, trata-se realmente do falo, mas é um falo que assume o valor de todos os significantes, o do pai, se preciso"[5]. Outra fórmula, portanto, o objeto fóbico não é tanto o representante da mãe, dado que não tem valor de "falo simbólico". Mas o que é o falo simbólico para Lacan nesse momento — não é o grande *phi* de "Subversão do sujeito e dialética do desejo" —, o significante do gozo, impossível de ser negativizado? O falo simbólico no quadro das fobias, p. 822 dos *Escritos*, é aquele de que o pai imaginário priva a mãe. Seria, então, a fobia uma restauração da falta real da privação da mãe? É certo que, para Hans, a questão tinha sido colocada — Quem tem um pênis?, Ela tem ou não tem um pênis? —, mas aqui não é sua privação peniana que faz questão. Quando Lacan diz coringa é porque ele pode ocupar o lugar de qualquer termo. Como entender isso? Compreende-se melhor isso se nos reportarmos à definição que Lacan deu do falo em "A significação do falo". O Falo é um significante que designa os efeitos do significante sobre o significado, portanto, a

---

[5] LACAN, J. (1960-1961) *O seminário, livro 8: a transferência*. Tradução de Dulce Duque Estrada. Rio de Janeiro: Zahar, 2010, 2ª edição, p. 446, aula de 14 de junho de 1961.

eficácia do significante, de qualquer significante, pois, até o do pai. A fobia coloca um significante ali onde ele estava faltando, e o próprio falo é um significante. Nesse sentido, a fobia é um mecanismo que inaugura o próprio mecanismo neurótico. Lacan explicita isso na lição de 21 de abril de 1961: o furo no Outro, que se manifesta da mesma forma no intervalo significante, ali onde circula o enigma do sentido do desejo, a neurose em geral se esforça para preenchê-lo. Cito: "a função do objeto fóbico, que não é senão a forma mais simples deste preenchimento". "No intervalo onde ameaça a presença real" — quando, então, a falta falta, segundo a fórmula de *A angústia* —, pois bem, cito: "o que o sujeito teme encontrar é uma espécie de desejo de natureza tal que faça entrar o nada antes de toda criação, todo o sistema significante". A fobia, portanto, põe um fim a nada menos que a abolição do sistema significante, ameaçado pela presença real. A fobia coloca um ponto final ao preencher o furo pela produção de um significante. Quando se lê "tigre de papel" relacionado à fobia, pode-se ficar tentado a dizer "Ah! Bom, isso não é sério, o sujeito só teria que passar pelo inconveniente de um medo sem risco", mas a questão de a fobia ser um sintoma que se faz, de alguma forma, guardiã da linguagem — produzindo um significante supletivo no lugar do furo do Outro — é de peso. Digo supletivo, pois ele faz suplência ao significante elidido, o falo, de forma mais abrangente, a tudo aquilo que poderia significantizar o desejo do Outro, o pai, sobretudo. Essa é a primeira tese.

Que o objeto fóbico seja esse significante restaurador está ilustrado, segundo Lacan, pelo jogo da girafa grande e da girafinha. A grande presentifica o que Lacan em *De um Outro ao outro* chama de "homela, a saber, a mãe falicizada"[6], digamos, todo-poderosa. "A homela [...] torna-se careteira, de repente, e começa a dar medo"[7], presença real. Poderíamos pensar que a pequena girafa procede de uma identificação com a girafa grande, ou ao seu apêndice fálico, mas, segundo Lacan, o jogo não é feito para indicar que a criança se identifica com a girafinha, como complemento materno. "Se Hans desenha a girafinha, é para mostrar não que essa seria uma imagem comparável à outra, mas que ela é uma escrita num papel, razão por que ele a *zerwurzelt* — ele a amarrota, como se exprime o texto — e senta-se em cima dela"[8]. "O importante, aqui, não é a função identificatória imaginária de Hans com o falo, com esse complemento materno que é, no fundo, seu grande rival, mas sim que ele faz esse falo passar para o simbólico, porque é aí que ele terá eficácia"[9]. Assim como o tigre de papel, trata-se de uma girafa de papel, e é aí que está lançada a sorte da eficácia do significante.

Comecei, então, por esse cavalo, falo simbólico, mas, no final do seminário 4, temos o cavalo como pai de substituição. A p. 390 apresenta uma primeira escrita da metáfora do pai ou, antes, de um pai que dá a solução do complexo de castração:

$$\left(\frac{P}{X}\right) M \sim \mathfrak{I} + s$$

---

[6]LACAN, J. *O seminário, livro 16: de um Outro ao outro*. Tradução de Vera Ribeiro. Rio de Janeiro: Zahar, 2008, p. 313, aula de 14 de maio de 1969
[7]*Ibid.*, p. 314, aula de 14 de maio de 1969.
[8]*Ibid.*
[9]*Ibid.*, p. 313.

O pai sobredetermina o X materno, e o efeito é duplo. Primeiro a foice, símbolo da castração. Lacan a introduz a partir do poema de Victor Hugo "Booz adormecido", que ele utiliza para comentar a estrutura da metáfora em "A instância da letra", p. 510 e seguintes dos *Escritos*, em que se fala da fecundidade paterna e que termina pela evocação de uma "foice de ouro no campo dos céus"[10], em que Lacan reconhece uma imagem propícia para evocar a castração.

Quanto ao *s*, Lacan o precisa dizendo o *s* da significação, "onde o *x* encontra sua solução"[11]; a expressão não é tão clara em si mesma, mas nós a compreendemos melhor graças ao matema mais conhecido da metáfora escrita em "De uma questão preliminar...", produzida um ano depois, a qual, nesse lugar do *x* à esquerda da equação, escreve o falo, sem maiúscula, o qual, com efeito, soluciona o *x* angustiante, conferindo-lhe seu sentido fálico.

A tese é que em Hans falta a metáfora em questão pela razão de que, cito p. 390, "não há pai aí, não há nada para metaforizar suas relações com a mãe. Em suma, não existe saída pelo lado da foice, do grande C do complexo de castração (o C invertido na forma de uma foice), não existe mais a possibilidade de uma mediação, isto é, de perder, e depois reencontrar seu pênis"[12].

Ele propõe, então, um matema da relação de Hans com sua mãe que escreve essa falta. O desejo da mãe se escreve

---

[10]LACAN, J. (1956-1957) *O seminário, livro 4: a relação de objeto.* Tradução de Dulce Duque Estrada. Rio de Janeiro: Zahar, 1995, p. 389, aula de 19 de junho de 1957.
[11]*Ibid.*, p. 390, aula de 19 de junho de 1957.
[12]*Ibid.*

como uma metonímia, (M+φ+A), que se lê a mãe mais o falo, mais A de Anna, logo, a criança. O que só deixa lugar a uma relação de devoração *m*, protótipo de todas as suas relações com a realidade, ao que se acrescenta o real π, de seu pênis. E Lacan avança dizendo que o cavalo da fobia é uma mediação metafórica de substituição — a qual, entretanto, não resolve o problema da mordida. Ele escreve:

$$\left(\frac{'I}{M+\varphi+\alpha}\right) \quad M \sim m + \Pi$$

I com o "espírito rude"[13], acrescenta ele. Segundo informações, essa é a forma de pronunciar do grego antigo, o qual substitui o *h* diante de uma vogal. Esse I maiúsculo remete, então, a *hippos*, cavalo em grego.

Como Lacan consegue justificar essa passagem conceitual do cavalo devorador, imagem deslocada da homela, para esse cavalo que tem função metafórica e que introduz uma forma de solução à empreitada devoradora da mãe? Chamo a atenção de vocês para as p. 390-391. Ele se apoia no texto de Hans, lembra que este afirma que sua bobagem começou quando, tendo saído com a mãe um dia, viu um cavalo cair de um *omnibus*[14] e comentou que "a partir de agora, sempre, todos os cavalos vão cair"[15]. O cavalo metafórico não é o cavalo que morde, mas o que cai. E, com ele, os elementos escritos para especificar o

---

[13]*Ibid.*, p. 391, aula de 19 de junho de 1957.
[14]Nota da tradutora: Veículo de tração conduzido por cavalos, inspirado nas diligências, que assegurava o transporte público de passageiros nas grandes cidades durante o século XIX e o início do século XX.
[15]LACAN, J. (1956-1957) *O seminário, livro 4: a relação de objeto*. Tradução de Dulce Duque Estrada. Rio de Janeiro: Zahar, 1995, p. 391, aula de 19 de junho de 1957.

desejo da mãe passam a ser, doravante, elementos que caem, o falo, o do jogo que não se sustenta mais e as crianças, escritas daqui por diante α e não mais A. O cavalo realiza de forma imagética e ativa todas as funções da queda reunidas. Quais são elas? Curiosamente, ele não menciona a queda do cavalo materno propriamente dito, e, no entanto, é bem isso que está em causa para Hans: a queda dessa potência. A queda do cavalo é a queda da mãe; a primeira função dessa queda é de separação da tomada de sua potência, mas ela mesma cai, porque perde os objetos que puxava, assim como o cavalo puxa o *omnibus*, e, portanto, sua função é também de representar um efeito de castração da mãe. E Lacan comenta aí que, com essa fobia, "vemos afirmar-se o que são, realmente, os objetos para o psiquismo humano"[16]. A fobia "primeiro cristal de uma cristalização organizada entre o simbólico e o real"[17]. Eis aí já esse termo "cristal", que se encontra no parágrafo de "A instância da letra" que citei. O cavalo que puxa, o cavalo que morde e o cavalo que cai, tantas facetas do cristal que é um significante. Mas esse cristal tem o efeito de cristalização, isto é, de fixação de uma ordem que, para Hans, se traduz espacialmente. E Lacan avança, portanto, dizendo que a fobia faz suplência à metáfora faltante, aquela que, por carregar a castração materna, libera o filho, e ele escreve isso como uma suplência da metáfora paterna escrita anteriormente.

Teremos tido, então, até aqui, no esforço de pensar a fobia, afirmações diversas referentes ao cavalo:

---

[16]*Ibid..*, p. 392, aula de 19 de junho de 1957.
[17]*Ibid.*

inicialmente substituta do A barrado, a homela era o mais intuitivamente significantizável, o representante da mordida materna. Era, de certa forma, uma transposição imagética do problema subjetivo de Hans. Em seguida, na ordem em que apresentei, temos o significante cavalo equivalente ao Φ simbólico. De fato, Lacan propõe isso mais tarde, em 1961, em *A transferência*, apresentando esse falo simbólico que faltava na paisagem. É algo totalmente diferente, isso coloca o sintoma fóbico na via de uma restauração. A mesma via que ele propõe no final de *A relação de objeto*, quando faz do cavalo um substituto do Pai faltante, o que ressalta a sua função de solução. Tem-se, portanto, um sintoma como solução da falta da metáfora. Eis a função principal da fobia, segundo o seminário *A relação de objeto*.

DISCUSSÃO

Pergunta: Há ligação entre narcisismo e desejo? Por que Lacan fala em narcisismo do desejo?

C.S.: Tudo depende, talvez, da ênfase que cada um dá para a palavra "narcisismo". Lacan inicialmente a introduziu com o estádio do espelho, em conexão com o mito de Narciso, e aí se tratava do amor por sua imagem no espelho, não do amor por sua libido.

Quando Lacan construiu a oposição entre o eu e o sujeito, nos ensinou a opor os dois: o narcisismo e o desejo, com a ideia do eu instalado como satisfação da identificação e sua diferença para com o sujeito que se instaura por uma perda que lança o vetor desejante; estava em oposição. Todos os primeiros desenvolvimentos de Lacan eram sobre a ideia de que a análise tem por alvo o desejo e implica a redução narcísica, e chega até mesmo a evocar a supressão do eu no analista.

Mas o núcleo irredutível do sujeito é seu desejo, não aquilo em que ele pode se reconhecer, mas aquilo que lhe dá consistência; não é difícil conceber que há em cada um algo que ele ama mais que sua imagem, trata-se de seu ser de desejo, antes mesmo de ser seu ser de gozo. Se não fosse assim, quando alguém, por acidente, sofre um atentado gravíssimo de sua imagem, ele não poderia sobreviver. Se ele sobrevive, é porque há nele um outro narcisismo.

Pergunta: Mas o desejo não é o desejo do Outro?

C.S.: Fórmula bem conhecida, mas o que essa "máxima" quer dizer? Isso não fica assim tão intuitivamente evidente.

Lacan diz justamente: o desejo se encontra no Outro (cf. "Posição do inconsciente"). O desejo é uma dimensão que se instala por intermédio da fala articulada em significantes. A fala, articulada em significantes, é a condição estrutural do encontro com o desejo, mas ele aí se encontra como indeterminado, como x, "outra coisa", diz Lacan, diferentemente das significações. Naquilo que o Outro diz, se desenrolam significações gramaticalmente determinadas, e depois há outra coisa que circula, mas que é um x, uma ocorrência daquilo que Lacan chama de furo, o furo do Outro.

Então, o desejo é desejo do Outro, isso designa a causa estrutural do desejo, que é o Outro da fala, mas isso não quer dizer que o desejo de um sujeito seja o desejo da sua mãe, de seu pai ou de *x, y*... Isso não quer dizer que todos os sujeitos têm o mesmo desejo. Se fosse assim, toda a irmandade teria o mesmo desejo que pai e mãe! Assim, não há contradição entre dizer que o desejo é o desejo do Outro, ele se encontra no Outro da fala, e dizer que o sujeito tem um desejo que é o seu, que o constitui e ao qual não pode renunciar.

É isso que se encontra ameaçado em Hans, porque na situação em que ele se encontra, é obrigado a se colocar na série falo-criança e, portanto, tornar-se objeto. Não há lugar de sujeito separado para ele. Ele se encontra, portanto, ameaçado de desaparecimento subjetivo. No parêntese que Lacan escreve relativo à mãe, só há um lugar de objeto.

Ele se encontra ameaçado, digamos, de destituição subjetiva selvagem, que não lhe é imputável. A destituição subjetiva consiste em apreender sua equivalência ao objeto. É na realidade que ele está ameaçado de se tornar objeto do Outro. E, portanto, quando Lacan diz, em "A direção do tratamento", que a fobia é uma defesa do desejo, trata-se de defender o desejo de Hans, não o desejo da mãe. Quanto ao desejo da mãe, antes, teríamos vontade de modificá-lo, de metaforizá-lo justamente.

A ameaça para Hans é a de ser anulado como sujeito, ele está ameaçado em seu narcisismo de sujeito, não no narcisismo de seu eu. A primeira maneira de se abordar o ser do sujeito em Lacan é pelo desejo oposto ao eu. Pode-se, então, dizer narcisismo do sujeito. Quando Lacan diz em "A direção do tratamento" que é preciso circunscrever o desejo, não apagá-lo do mapa, não seria excessivo dizer: trabalha-se no narcisismo do sujeito contra o narcisismo da imagem. No fundo, o narcisismo é o amor de si, quiçá, a afirmação de si mesmo. Esse si mesmo vai além da imagem, inclui o desejo e até mesmo as modalidades do gozo próprias a cada um. Poderia dizer o narcisismo do Um, do "há do Um" [*il y a de l'Un*].

Pergunta (sobre a eficácia do significante sobre o significado, a partir do significante cavalo): Será que esse trabalho funciona mesmo quando se fala sem saber, no blá-blá-blá, tanto no monólogo como no fluxo? O significante tem sempre eficácia sobre o significado, seja qual for a maneira como se fala?

C.S.: Em sua primeira tese, Lacan diz que há uma eficácia do simbólico sobre o imaginário, eficácia do significante sobre o significado, dado que ele apresenta todo significado como sendo imaginário, não apenas a imagem, o imaginário. Ele não manteve essa tese, posto que terminou por afirmar que RSI não estão hierarquizados, enquanto, durante quinze anos, ele hierarquizou S e I. Consequentemente, há uma série de remanejamentos que vão repercutir na fobia: ele remanejou o inconsciente como cadeia significante, que supunha a eficácia do simbólico sobre o imaginário, em prol do simbólico assemântico. Aquilo que se fala com relação a *Finnegans Wake* são significantes que não visam em absoluto um efeito sobre o significado. No blá-blá-blá, o blá-blá-blá não visa fixar um efeito de significado, e também não o obtém, o que não quer dizer, porém, que ele não tenha um correlativo de gozo e que o significante seja veículo e/ou objeto de gozo. Essa é toda uma outra problemática.

Pergunta: Se a fobia aparece no intervalo entre dois significantes, se na psicose só há S_1, então, é isso que permite ao neurótico não cair no furo, mas como seria na psicose?

CS.: Será que é possível dizer que na psicose não há intervalo significante? Na esquizofrenia, talvez, no sentido em que Lacan a definiu: todo o simbólico aí é real, mas na paranoia há um intervalo significante, de tal forma que ele é povoado pela má vontade do outro, o desejo persecutório do outro. Não se vê por que a boca aberta do outro não geraria uma fobia na paranoia.

SEIS

17 de fevereiro de 2016

Cheguei até a fobia como metáfora de substituição. Deixo de lado as outras escritas que encontramos no final do seminário. No fundo, Lacan não vai mantê-las na sequência, elas são eclipsadas pela escrita da metáfora paterna. Elas visam dar conta da solução supostamente atípica do Édipo em Hans. Elas são, portanto, colocadas em questão pelos remanejamentos ulteriores do Édipo, voltarei mais tarde a esse ponto. Faço agora alguns comentários sobre aquilo que precede.

Comentários

Primeiramente, quero ressaltar a lógica do procedimento que conduz Lacan a se referir à metáfora. Aqui, não nos esqueçamos de que tudo isso que se tornou familiar para nós era completamente novo na época para o próprio Lacan, que estava abrindo uma nova via. Ele próprio mencionou o fato de ter enviado seu texto "A instância da letra no inconsciente" a Jakobson, que, creio, morava no mesmo prédio que ele. Lacan esperava um retorno que nunca veio, pois Jakobson não deu a mínima atenção ao texto. A lógica de seu procedimento fica clara *a posteriori* [*après coup*]: a partir do momento em que o inconsciente linguagem foi colocado, com a primazia do simbólico, e o pai do Édipo elevado ao estatuto de significante principal, a questão, desde então, se torna: o que é que opera, que produz efeitos, na linguagem? Lacan avançou na psicanálise com um método de resolução das questões. A partir do momento em que somos falantes e que a linguagem é um operador, estamos contidos dentro dos limites daquilo que a linguagem é, além disso, comprimidos por aquilo que ela torna possível ou impossível. Daí sua referência à lógica, às lógicas diversas, até mesmo às ciências, e sua conclusão quanto ao saber. O que posso saber? Resposta de "Televisão": nada que não esteja na estrutura da linguagem.

O que opera na linguagem? A referência à linguística obriga a responder: é a metáfora e, portanto, passo a passo. Lacan chega a dizer que a eficácia do significante do pai, se há uma, só pode passar por uma metáfora. Com a ressalva de que — isso sou eu quem acrescenta — o ato de foder a mãe (fodê-la legitimamente, como ele faz, aliás), que Lacan coloca no lume das causas, a não ser que acrescente, dificilmente é da ordem do significante, mas entramos, então, na ordem do direito, e o direito é sempre social e culturalmente determinado, o que nos leva à ligação que já salientei, do pai do Édipo freudiano e da estrutura da família conjugal. Lacan evoca essa ligação explicitamente na resposta à questão V de "Televisão", dizendo que a ordem edipiana da família é um mito, e ele propõe uma releitura do Édipo. O que nos resta disso, então? Duas coisas: o pai não é o genitor, isso ele diz desde o começo, e "a mãe permanece contaminada pela mulher para o pequeno". Pode-se notar, sem fazer mais comentários, que o que falta aí é a relação sexuada do homem-pai com a mulher-mãe, à qual ele atribuía um papel muito importante no começo. Meu segundo comentário será para marcar alguns implícitos, que evidentemente os primeiros ouvintes não podiam perceber, pois eles só apareceram *a posteriori*. Essa fobia metáfora parece se integrar perfeitamente na tese mais geral formulada em "A instância da letra", ao dizer que o sintoma é uma metáfora, isto é, a substituição de um significante por outro. O sintoma metáfora é, portanto, um sintoma cadeia significante, dado que a metáfora, com a metonímia, é uma das duas ocorrências da cadeia significante. Mas temos aí um problema: o sintoma é uma metáfora diferente da do Pai, e se a fobia faz suplência à metáfora do pai, isso já a distingue de todos os outros sintomas. A metáfora do Pai é uma metáfora do Outro, o Pai metaforiza o Outro, P/DM, o que tem por efeito, no nível do significado, substituir um significado por um outro, o Falo pelo *x* da mãe. De certa forma, a metáfora produz uma interpretação fálica da falta materna. Na ausência dessa interpretação, esse *x* é interpretado em termos de pulsão, mais precisamente de devoração ou de abandonar. A fobia, substituindo o pai pelo cavalo, como mostram as escritas de Lacan, é igualmente uma metáfora do Outro. Ora, o sintoma, por sua vez, é uma metáfora, é verdade, mas do trauma sexual, dado que é, cito, "o significante enigmático do trauma sexual e o termo que ele vem substituir"[1]. A partir daí, se a fobia é substituta do pai, ela não é um sintoma como qualquer outro. Perguntei no início:

---

[1] LACAN, J. (1957) A instância da letra no inconsciente. In: *Escritos*. Tradução de Vera Ribeiro. Rio de Janeiro: Zahar, 1998, p. 522.

o significante da fobia é o significante que representa o sujeito ou o outro, aquele junto ao qual ele é representado? O significante do sintoma representa o sujeito, o sujeito suposto pelos significantes do inconsciente, o sujeito dito sujeito do inconsciente, não o locutor da intenção de significação, o significante do pai. Este não representa o sujeito, ele está mais do lado do Outro significante, pois "na falta desse significante, todos os demais não representariam nada"[2], conforme a expressão usada por Lacan em "Subversão do sujeito e dialética do desejo", para o significante simbólico (A). Tem-se, então, um novo problema com esses textos: como se ajustam não apenas aquilo de que já falei — os dois pais, o morto e o vivo —, mas também as duas metáforas? E, evidentemente, para a fobia, é um ou outro: ou o significante restaurador de substituição, ou o significante do trauma sexual. Na verdade, Lacan utiliza a fobia de Hans para completar a função do pai, mas, consequentemente, os remanejamentos por vir relacionados ao pai e à sua metáfora só poderão repercutir sobre a concepção de fobia, e Lacan não manterá a natureza de metáfora disso. Em todo caso, a partir desse momento, se admitirmos com Lacan que se trata de uma metáfora não do sintoma, mas do pai, isso faz dela um sintoma bastante singular. De fato, e isso pode ser constatado, esse é o único sintoma ao qual Lacan retorna, quase até o final de seu ensino, para ajustar sua concepção. Não é o caso dos sintomas histéricos ou obsessivos, que, sem dúvida, ele evoca também tardiamente, mas

---

[2]LACAN, J. (1960) Subversão do sujeito e dialética do desejo no inconsciente freudiano. In: *Escritos*. Tradução de Vera Ribeiro. Rio de Janeiro: Zahar, 1998, p. 833.

sem remanejar a concepção que tem deles, no máximo fornecendo-lhes complementos. Por exemplo, com relação à histeria, definida inicialmente pela identificação à falta do desejo e completada em seguida, como se vê na segunda conferência sobre Joyce, por sua posição quanto ao gozo sexual, por sua greve de corpo.

Segunda observação: já ressaltei muitas vezes o giro do termo *sintoma* no decorrer do ensino de Lacan, que, em vez de designar um distúrbio, uma perturbação, como no sentido corrente do termo, acaba designando, ao contrário, uma solução para um problema insolúvel. Problema que ele vai formular em 1970: não há "relação sexual". Mas se vê aí, desde o princípio, que Lacan vislumbrou a perturbação que é o sintoma — aqui, a fobia — como tendo uma função de solução, como fazendo suplência a algo que falta. Evidentemente, o elemento faltante a que o sintoma faz suplência não é a relação sexual, está-se ainda a léguas desta noção; o elemento pensado como faltante é a solução esperada do Édipo quanto à castração materna, e a fobia, consequentemente, é concebida como uma metáfora em imagem, produzindo um homólogo da significação da castração materna sob a forma de uma queda, do objeto que se perde. Em todo caso, ela está bem explícita em "A instância da letra". Lacan marca aí a homologia existente entre o sintoma e o mito, sublinhando que Hans, confrontado ao "enigma de seu sexo e sua existência subitamente atualizado"[3], procede a "todas as permutações possíveis de um número limitado de

---

[3]LACAN, J. (1957) A instância da letra no inconsciente. In: *Escritos*. Tradução de Vera Ribeiro. Rio de Janeiro: Zahar, 1998, p. 519.

significantes"⁴, demonstrando, assim, como se produz "a solução do impossível"⁵, e ele acrescenta ainda para dizer que se apreende aí, cito, "a coextensividade do desenvolvimento do sintoma e de sua resolução curativa"⁶. Essa frase, que poderíamos desenvolver amplamente, inclui uma concepção do que vem a ser o efeito terapêutico próprio da análise. Em geral, opõe-se psicanálise e psicoterapia por diferenças de finalidades: uma visa primariamente a cura, e a outra, o saber, mas se trata de algo diferente, um efeito terapêutico específico da análise, que supõe desenvolver a matéria significante do sintoma, como se desenvolve um discurso, desdobrá-lo, portanto, em articulação significante.

Hoje estamos habituados com essa noção de sintoma solução e, até mesmo, suplência, especificamente na psicose. Freud, ademais, havia dito: o delírio é uma "tentativa de solução". Ali onde a relação de objeto, o investimento, justamente falta, é isso a doença da psicose, segundo Freud, daí o termo "neurose narcísica", o delírio a restaura ou tenta restaurá-la. Vejam o paradoxo: àquele que se queixaria do delírio (é, em geral, o entorno, não o sujeito, que, por sua vez, o ama como a si mesmo, de acordo com a expressão de Freud), nós retrucamos, mas ele já está curado, curado de uma doença que talvez você não tenha visto, pois ela não fazia barulho. Para nós, também há o paradoxo: isso faz equivaler aquilo que se apresenta como "doença" — entre aspas, ou seja, a perturbação sintomática,

---
⁴*Ibid.*
⁵*Ibid.*
⁶*Ibid.*, p. 524.

no sentido fenomenológico do termo, aquela da qual nos queixamos — com a própria cura. Tem-se um exemplo disso, entre muitos outros, com Antonin Artaud, quando ele vocifera, gritando sílabas que crê serem inéditas e que têm toda a razão de enlouquecer as enfermeiras nos corredores, mas das quais ele se acha criador e que as situamos como uma produção de suplência que supostamente vai estabilizá-lo — é a total confusão da doença com a sua solução. Como fazer entender isso? Essa ideia do sintoma solução tem, além disso, um alcance prático que é grave quando, por exemplo — ouvi isso recentemente —, diante dos sintomas de um sujeito, nos abstemos de explorá-los, isto é, decidimos nada fazer em virtude de que, se ele for psicótico, isso poderia desencadear a psicose.

Nova abordagem

Retomo a questão da fobia e vou seguir um pouco as evoluções das contribuições de Lacan com relação a ela, especialmente no que diz respeito ao lugar da fobia na estrutura do sujeito. É surpreendente constatar que Lacan utiliza repetidas vezes referências espaciais para designá-la. A fobia é uma "sentinela [*poste*] avançada", diz ele em *A relação de objeto*, p. 21. É um vocabulário militar, sentinela avançada. Ele dirá também "vanguarda [*avant-poste*] fóbica"[7], na lição de 26 de abril de 1961 do seminário *A transferência*. A expressão é retomada nos *Escritos*, p. 688, em "Observação sobre o relatório de

---

[7]LACAN, J. (1960-1961) *O seminário, livro 8: a transferência*. Tradução de Dulce Duque Estrada. Rio de Janeiro: Zahar, 1992, p. 256, aula de 15 de março de 1961.

Daniel Lagache", e depois em "O ato psicanalítico: resumo do seminário de 1967-1968", "obra tão desmedidamente avançada"[8]. Isso nos dá a ideia de que a fobia surge numa fronteira entre o sujeito, o pequeno sujeito, e um "perigo", retomando o termo que Freud usa para situar a experiência traumática. Na p. 891 dos *Escritos*, no artigo "A ciência e a verdade", Lacan diz: ele "se protegerá [*rempardera*] com uma fobia". *Remparder* é um neologismo. O correto seria *remparera*, que vem de *rempart* [baluarte, muralha, muro], que se escreve com *t* no fim, mas, etimologicamente seria *rempar*, sem *t*. Não parece ser um erro de digitação, pois encontramos outras ocorrências dessa palavra em Lacan. O sentido não constitui problema. A fobia interpõe um significante que faz barreira entre a criança e o perigo, um significante litoral, de certa forma. Qual é o perigo? É aí que não se deve ler automaticamente e em cada expressão sucessiva de Lacan senão aquilo que a anterior já dizia.

Sentinela [*poste avancé*] contra "um medo instituído", ou seja, fabricado. Ele diz também: "significante para todo uso, para suprir a falta do Outro", p. 617 de "A direção da cura". Está-se aí em terreno conhecido depois de *A relação de objeto*. Na Páscoa de 1960, na p. 689 dos *Escritos*, em "Observação sobre o relatório de Daniel Lagache", ele escreve: "posto avançado [*avant poste*] fóbico contra a ameaça do desaparecimento do desejo", ligado à falta do Outro, portanto. Em *A transferência*, em 1961, pouco tempo depois, ele diz: é o posto "antes de se aproximar do

---

[8]LACAN, J. (1969) O ato psicanalítico. In: *Outros escritos*. Tradução de Vera Ribeiro. Rio de Janeiro: Zahar, 2003, p. 372.

furo"⁹. Em todo caso, é um perigo que convoca um significante. Quanto ao perigo, ele é sucessivamente designado como falta do Outro, furo, abismo. O que equivale a dizer que não se trata de qualquer perigo. Todos esses termos parecem homólogos, se seguirmos Lacan, e poderiam nos induzir a formular que Hans é um pequeno *trou-matisé*[10], e a fobia seria o sintoma que evita o *trou-matisme* nos sujeitos que encontraram o furo no Outro. Mas, de fato, quando Lacan produz o termo *troumatisme*, tardiamente, isso designa algo um pouco diferente.

Os três termos se sucedem, mas não são sinônimos, suas significações não se confundem. "Falta" [*manque*], em Lacan, é, no início, falta a ser que gera a linguagem para todo falante e que é veiculada na fala, é uma falta do sujeito, do Outro enquanto sujeito que fala, e que está no princípio do amor como paixão do ser. Aliás, encontra-se isso quando ele diz: o sujeito, "um ser cujo ser está sempre em outro lugar" — entendamos aí —, em outros significantes, é a mesma estrutura da cadeia que funda a fórmula ou, da mesma forma, a verdade *mi-dite*, dita pela metade. Lacan a simbolizou com o *phi*. Quando ele evoca o furo em *A transferência*, já citei a passagem, trata-se de outra coisa, do desejo propriamente dito que se aloja no intervalo significante, como um *x*, que não é ele próprio

---

⁹LACAN, J. (1960-1961) *O seminário, livro 8: a transferência*. Tradução de Dulce Duque Estrada. Rio de Janeiro: Zahar, 1992, p. 322, aula de 26 de abril de 1961. Aqui, traduzimos diretamente do francês, para recuperar o sentido daquilo que a autora diz. Na versão publicada pela Zahar, o trecho é o seguinte: "É na vanguarda [*avant poste*], bem à frente do furo, da hiância realizada no intervalo onde ameaça a presença real, que um signo impede o sujeito de se aproximar".
[10]Ver nota 5 da aula 1.

representado por um significante, isto é, algo que, com efeito, fura as significações, o que comporta a letra *x*. Fala-se naturalmente da falta do desejo ligada à linguagem, "articulada, mas inarticulável" (cf. "Discurso na Escola Freudiana de Paris"), mas esse não é um estado qualquer da falta, é uma falta ativa, vetorizada, que, literalmente, se funda a partir de uma perda, é essa "potência da pura perda" ("Direção do tratamento", p. 698), que Lacan simbolizou também pelo falo, escrito como $-\varphi$, antes de escrevê-lo como objeto subtraído, pequeno *a*; isso é o mais vivo do sujeito, identificável mesmo, *dixit* Freud, ao sujeito do inconsciente. Quanto ao abismo, trata-se de outra coisa, isso se vê, ou deveria se ver, imediatamente, já que, para introduzi-lo, Lacan se refere, se autorizando por Freud, não à fala, mas ao corpo anatômico, mais precisamente à ausência de pênis da mãe. É bem no final, na última página de "A ciência e a verdade", que era a primeira lição do seminário inédito de 1965-1966, *O objeto da psicanálise*, já o comentei várias vezes. Trata-se aí da "divisão" do sujeito, divisão esta que deve ser distinguida do fato de que ele está refendido entre dois significantes. O "ponto nodal da divisão", Freud diz, segundo Lacan, cito, "o desata (...) na falta de pênis da mãe em que se revela a natureza do falo"[11].

"A natureza do falo"

Qual é, então, a natureza do falo? Há aí algo que Lacan explicita pouco, mas que é possível extrair. Trata-se de

---

[11] LACAN, J. (1965) A ciência e a verdade. In: *Escritos*. Tradução de Vera Ribeiro. Rio de Janeiro: Zahar, 1998, p. 892.

um significante, sem dúvida, não voltaremos a isso, e até mesmo um significante que significa a falta, mas qual falta? Na medida em que é revelada em sua natureza por meio da falta de pênis da mãe, ou seja, a falta do órgão eréctil, do órgão do primeiro gozo, ele não é apenas o significante da falta a ser ou da falta do desejo do sujeito, ele significa a falta de gozo. Ele está ali como o significante da falta de gozo da mãe, gozo do qual se concebe que a mãe está privada pela falta de pênis.

Quando Lacan escreve, bem no final, que o falo "nada é além desse ponto de falta que ele indica no sujeito"[12], a frase está construída de maneira a não ser compreendida, de tal forma ele nos habituou a pensar que o sujeito é falta. Aqui, porém, não é disso que se trata, não se trata da falta constituinte do sujeito, mas do fato de que esse sujeito está em falta de gozo. Em *Mais, ainda*, ele insiste: um sujeito não tem muito o que fazer com o gozo. E Lacan marca a diferença entre a falta do sujeito e a falta de gozo, designando este último como um "ponto de falta". Não se diria isso da falta de desejo ou da falta a ser. E notem que a "natureza do falo", o que deve ser entendido como sua verdadeira natureza, se revela aqui, uma vez mais, segundo Lacan, sem a mediação do pai e a partir da diferença anatômica, simplesmente por meio da combinatória significante, a operação significante, a substituição e o deslocamento que se manifesta na fobia e no fetiche: não há pênis, mas um significante de substituição na fobia — o cavalo; não há pênis, mas deslocamento em direção a um fetiche.

[12] *Ibid*

Essas precisões sobre as diversas faltas permitem esclarecer as fórmulas um pouco paradoxais do início com relação a Hans. Primeiro tempo, dizia ele sobre Hans, ele é a criança fálica, identificada com o falo da mãe, e, portanto, não faltavam nem a falta e nem o falo. Segundo tempo, o significante falo falta, e é isso que gera a fobia. Então, é preciso justamente que a primeira falta, embora qualificada como fálica, com seu objeto, a criança fálica, seja diferente da segunda falta, aquela que faz falta no caso de Hans, segundo Lacan, aquela da castração materna, em jogo na sexualidade, que implica mais que a falta a ser do sujeito, a saber, o corpo sexuado. Essa falta, nas primeiras elaborações de 1956, só se presentificaria por meio da presença do pai dito real no casal, precisamente pela potência sexual do pai, que valia como atribuição do falo ao pai. *As formações do inconsciente*, com os três tempos do Édipo, desenvolve esse mesmo paradoxo, distinguindo identificação ao falo da mãe, um significante que está aí, portanto, mas que, em seguida, deve faltar à mãe para ser atribuído ao pai, a fim de que a genitalidade normatizada, aquilo que ele chama mais tarde de "norma masculina", se instale no filho. Lacan falou muitas vezes da atribuição do falo. E descreve a solução do Édipo no menino nessa época como uma atribuição do falo com um uso diferente para o filho, se assim posso dizer, no contexto da atribuição prévia ao pai real. E, para a menina, a não atribuição do falo, mas a promessa de recebê-lo. A distinção das diversas faltas que acabo de evocar permite ordenar as coisas. O falo, em jogo no joguinho com a mãe, aquele que está ali desde o início, não é o significante do gozo, mas da falta do sujeito materno, o do amor e do desejo, ao passo que o falo que falta nas cartas é o significante da falta de gozo da mãe, o que chamamos de castração da mãe. Volto à última página dos *Escritos*. É sobre esta falta de pênis ao gozo da mãe que se geram tanto a fobia quanto o fetiche. Em uma primeira leitura, havia pensado que Lacan designava aí uma alternativa entre a via neurótica e a via perversa. Sem dúvida, fui induzida pelos diversos outros textos nos quais ele compara, para diferenciá-las, fobia e perversão, distinguindo o significante para todo uso da fobia e o objeto fetiche da perversão, que ele diferencia várias vezes. Mas ao lermos essa página escrita por Lacan é o sujeito que se divide, isso está explícito. Ele se divide vendo *ao mesmo tempo* (ressalto) se abrir ali o abismo e, por outro lado, erigindo o fetiche. É, portanto, o mesmo sujeito que, ao se dividir, se reparte entre as duas vias, a do baluarte fóbico e a do deslocamento, em que se manifesta, diz Lacan, "a eficácia do sujeito".

O que justifica se chamar *abismo* essa falta de gozo significada pela ausência de pênis? E com um abismo você ainda corre o risco de ser engolido, de ser aspirado. Trata-se de algo bem diferente do furo do "não há relação sexual". Este não é um abismo, mas uma ausência, ele mais reconduz cada um para sua solidão e designa não a ausência de um significante para um gozo que existiria, mas a ausência de um gozo que não existe, aquele que, dos dois parceiros, faria Um do gozo sexual. No que diz respeito à falta do Outro, nós escrevemos A barrado ($\bar{A}$), e o significante dessa falta do gozo pode ser escrito com o falo, $\Phi(\bar{A})$. Na falta desse significante, o que surge é a opacidade do Outro, a opacidade daquilo a que ele aspira, o que Lacan chamava, como já citei, de a "presença real". Isto seria, antes, escrito, como já havia sugerido, *trop-matisme*[13]. Compreende-se por que Lacan, mais tarde, se questionou sobre os verdadeiros e os falsos furos, não é?

Confrontado com essa opacidade, esse abismo, o sujeito, simultaneamente, se amuralha com uma fobia, e ele o recobre com essa superfície na qual erige o fetiche, "isto é, a existência do pênis como mantida, ainda que deslocada", p. 892 dos *Escritos*. Não é uma alternativa entre neurose e perversão.

Lacan traz dois comentários inéditos.

Com relação à fobia, cito ainda a p. 892 dos *Escritos*: "De um lado façamos, extraiamos o (nada-de) do (nada-de-pênis), a ser posto entre parênteses, para transferi-lo para o nada-de-saber, que é a não hesitação da neurose". Trata-se justamente do saber da castração materna. Esse é o ponto de falta de gozo inscrito pelo significante falo, sobre o qual o sujeito neurótico hesita em dar o passo [*faire le pas*] conclusivo. Lacan utiliza o equívoco do (nada-de) [*pas-de*][14], que fica entre a negação e o passo para frente, de ganho de saber. Ainda, será necessário precisar aquilo que funda essa afirmação de Lacan, à qual ele acrescenta: que os psicanalistas recuem sobre o mesmo ponto.

Quanto ao fetiche, Lacan reconhece nele "a eficácia do sujeito nesse gnômon que ele erige para lhe apontar

---

[13] Nota da tradutora: Neologismo da autora formado pelo advérbio "trop" [demasiado, excessivamente] e "matisme" [matismo], outro trocadilho com a palavra "traumatisme" [traumatismo].

[14] Nota da tradutora: Em francês, "pas de" pode ser entendido como uma negação (*Je n'ai pas d'argent*, Não tenho dinheiro) e pode apresentar o sentido de "passo", como na expressão "faire un pas" [dar um passo].

a toda hora o ponto de verdade"[15]. *Gnômon* é o nome de um velho instrumento formado por uma haste vertical colocada sobre uma superfície horizontal que serviu como relógio primitivo baseando-se no deslocamento do sol. Esta haste erigida sobre uma superfície é uma imagem propícia para evocar aquilo que Lacan chama de revestimento [*placage*] do pênis sobre a superfície do corpo. Sublinho o termo "eficácia do sujeito", pois ele vai contra a ideia preconcebida de um sujeito efeito do significante, a eficácia supõe um sujeito agente. E aqui seria agente de quê? Pois bem, aqui está bem claro, de uma atribuição à superfície do corpo, mas sob uma forma deslocada daquilo que estaria faltando ali. Qual seria a função disso? Geralmente, diz-se que ela é negação perversa da castração. Mas isso é justamente o contrário do que Lacan diz. Basta que se leia. Esse gnômon o lembra o tempo todo do ponto de verdade. Qual verdade senão, sem intermitências, a da castração? O fetiche é o index da castração do objeto, trata-se do contrário do mecanismo dito perverso da negação. É como dizer que o fetiche marca o limite da não hesitação da neurose e que o ponto de verdade tem uma função na atividade erógena. A fobia imobiliza, faz parar numa linha fronteiriça, o fetiche anima, coloca a divisão do sujeito em ação. Essa observação deveria nos incitar a buscar o fetiche mesmo nos não fetichistas. Em "A direção do tratamento", temos uma tese homóloga, na forma como Lacan interpreta a eficácia do sonho da amante do homem na rodada de *bonneteau*, sonho que

---

[15]LACAN, J. (1965) A ciência e a verdade. In: *Escritos*. Tradução de Vera Ribeiro. Rio de Janeiro: Zahar, 1998, p. 892.

fornece meios à amante, enquanto ela sonhou que tinha um pênis, o que não a impediria de desejar tê-lo. E, em "Subversão do sujeito e dialética do desejo", p. 840 dos *Escritos*, quando Lacan evoca a função erógena do objeto postiço levado por uma mulher sob um (tra)vestido de baile, pois esse objeto postiço evoca da mesma forma o gnômon e a falta de pênis, que lhe confere um valor erótico a mais. Esse gnômon pode ser bem diverso: botões do vestido, sapatos, joias, "brilho no nariz", do famoso caso de Freud, em suma, tudo aquilo que denominamos "traços de perversão", aquela pequena coisa própria a cada sujeito, fixada por seu inconsciente, que condiciona, para ele, a colocação em prática de seu desejo propriamente sexual. Não é apenas para o sujeito perverso, mas isso designa antes "a perversão generalizada" da sexualidade, aquela da qual Lacan fala na p. 532 de "Televisão" e que se refere à observação, ou seja, "do que nos chega aos sentidos". Ela tem por função fazer suplência à relação sexual que falta, e é o que justifica o fato de Lacan dizer mais tarde que o parceiro é sintoma, ou seja, formação do inconsciente.

DISCUSSÃO

Pergunta: Poderia a senhora dizer algo sobre a passagem do traumatismo ao "troumatisme" e do "trou" [furo] ao "trop" [demasiado]?

C. S.: Quando Lacan diz "Não há relação sexual", é um furo naquilo que a linguagem pode inscrever. Mas é isso que traumatiza? Não se tem certeza, pois a noção de traumatismo ou "troumatisme" remete a algo que se encontra e com a qual se topa. Ora, o furo da relação que não há não se encontra, é um furo que não se demonstra, é por isso que Lacan diz que ele é real, ele se demonstra por meio da insistência do Um.

Havia empregado o termo *trop-matisme* pois, quando não há significante ou inscrição, esse furo é perfeitamente compatível com a presença real dos gozos. Isso é bem ilustrado pelas famílias em que a obscenidade está à mesa todos os dias.

Pergunta: A senhora poderia falar um pouco mais sobre a eficácia do sujeito...?

C. S.: A eficácia do sujeito é uma noção absolutamente essencial a se manter, pois se não houver eficácia do sujeito, não se pode falar em ética. Todo mundo fala de ética desde que Lacan escreveu *A ética da psicanálise*, mas a ética supõe um sujeito que tem uma eficácia, um sujeito com uma margem de escolha, que pode responder, que dá respostas que são suas, é por isso que Lacan evoca também a liberdade. Certamente, a possibilidade de optar e a eficácia não são a mesma coisa. A eficácia significa que o falante é, ele próprio, gerador de significantes, e isso vai bem longe. Lacan colocou em nossa cabeça a ideia de que o significante já está ali, no Outro. Ele está no Outro porque há um lugar dos significantes, mas há também os significantes que são criados, que aparecem, *ex nihilo*, diz ele.

O significante se produz *ex nihilo*, é essa a eficácia do sujeito.

Quanto ao cavalo, claro que é possível dizer que ele estava no livro de Hans, que ele viu cavalos, que se trata de um objeto do mundo, que é um significante da língua, da linguagem, um objeto. Ele está no Outro. Mas quem faz desse cavalo um significante que conta para o sujeito? É a fobia. É a fobia que faz desse objeto um significante. Aí temos a eficácia do sujeito.

Quando o sujeito fabrica um fetiche, trata-se de um deslocamento compensatório daquilo que falta em outro lugar, e é ainda a eficácia do sujeito, é uma outra eficácia, deslocar, criar e deslocar.

Não seria excessivo se dizer que a fobia cria *ex nihilo*. *Ex nihilo* não quer dizer que não existam condições ou antecedentes no discurso em volta. O mesmo acontece com o Homem dos lobos, o lobo está no livro de imagens, ele está nos contos infantis, ele está por toda parte, há todo um bestiário. Não se pode dizer que, no nível formal, o significante seja produzido pelo sujeito, mas a função significante dada a esse objeto procede da eficácia do sujeito. Se não houvesse isso, seríamos marionetes da linguagem e a psicanálise não teria por que existir, não seria possível. Talvez seja isso que faz com que ouçamos colegas falarem de invenção de significantes.

Não gosto dessa palavra, então, muitas vezes faço objeção, ela gera um mal-entendido. Mas há uma eficácia do sujeito, e é isso que faz com que a língua evolua.

Pergunta: De fato, o que é novo é produzir uma nova significação, mais que o próprio significante. O sujeito, por meio de uma metáfora, produz uma nova significação?

C.S.: É mais do que isso. Concordo que ele produz uma nova significação do cavalo. O que é preciso para que se possa dizer: é um significante? Não basta o elemento formal, isso é o significante no sentido linguístico. Para que haja um significante, é preciso que haja — e não apenas para o Nome-do-Pai, mas para todos os significantes — aquilo que Freud chamava de uma *Bejahung*. Isto é, uma afirmação, uma apropriação, um investimento, um consentimento. Se um significante que está na língua não tiver o consentimento do sujeito, ele não é um significante para o sujeito, mas uma coisa sonora ou gráfica. Para outras crianças, o cavalo da fobia não existe. Ele existe como animal no mundo, ele existe desenhado nos livros ilustrados. Mas para que isso seja um significante, é preciso um investimento, o consentimento do sujeito, e isso é a eficácia do sujeito, isso não vem de nenhuma outra parte. Isso não vem do Outro, ninguém assopra para ele. É por isso que ficamos muito surpresos quando isso se apresenta na criança — *De onde sai isso?*

Pergunta: Esses dois adventos de real, um da estúpida existência e outro do lado daquilo que Hans viveu, será que poderíamos atribuí-los a duas faltas?

C.S.: Um advento de real, por definição, não é um advento de falta. A inefável e estúpida existência é um pequeno corpo que aparece. Não se pode dizer que isso seja o aparecimento de uma falta, é o aparecimento de um novo existente.

E quando Lacan fala da ereção do garotinho como um primeiro gozo, não se trata, de forma alguma, de uma falta, mas, ao contrário, de algo que não estava ali, que chega, que aparece.

É isso que advento quer dizer.

Digamos que aqui se trata do real, e o problema para o falante é que aquilo que lhe acontece de real, depois de sua própria existência, ele tem a necessidade de fazer entrar no discurso, na linguagem, tem necessidade de simbolizar isso, como se dizia no início. A falta somente é pensável a partir da linguagem. No imaginário não há falta, no real também não. A falta supõe a operação linguagem.

Para o falante, o real precisa ser acolhido, isso se apresenta um pouco assim com o nascimento, com o sexo da criança, isso precisa ser acolhido no sentido do ser, de ser falado, de assumir sua função na fala do Outro.

Pergunta: Que ligação existe entre esse advento do real em Hans, no momento em que ele tem esse primeiro gozo, e o fato de que ele começa a se interessar pela falta do Outro, a mãe...?

C.S.: Não é aí que ele começa a se interessar pela falta do outro. No jogo com a mãe, já há um jogo com a falta. A partir do momento em que seu órgão se manifesta, uma nova questão, ele se pergunta se ela o tem ou não. Lacan ressalta que esse é também um jogo, ele sabe muito bem que ela não o tem, mas não são apenas as primeiras ereções que o levam à fobia. É a primeira ereção juntamente com o fato de que a mãe lhe diz: isso é uma porcaria. É um real que não encontra lugar para se colocar no discurso do Outro, é isso que gera a fobia.

Os garotinhos têm ereções há tempos, mas é como chupar o dedo, é o gozo que não traz problemas. Isso começa a causar problemas em função da resposta do Outro.

A mesma coisa para a ausência de pênis na menina. Quando Freud diz que ela o viu e que ela o quer, sim, clinicamente faz muito tempo que ela o viu, mas isso não tinha nenhum efeito. Ela só o vê no momento em que isso adquire um sentido com relação ao gozo masturbatório insuficiente. Quando se diz um primeiro gozo real, isso não quer dizer que estamos de volta à fenomenologia. Aliás, é um mistério: por que o ser humano tem necessidade da mediação do Outro?

Pergunta: Faz-se a ligação entre fobia e angústia. E a inibição ou o fetiche?

C.S.: O que há de comum entre esses dois termos é que ambos conotam uma parada. Mas a grande diferença é que a fobia é um significante, a inibição não; é inibição do desejo, da ação, de tudo aquilo que o desejo suporta da fala, da ação, da vida amorosa...

Isso está sempre muito presente na neurose, pois faz parte das técnicas para se evitar algo. Mas a inibição está muito ligada ao imaginário, a fobia é um advento simbólico.

A angústia está no ponto de partida. Há o abismo, e dele saem fobia e/ou fetiche. O fetiche é mais eficaz... É o mesmo sujeito que se divide entre os dois. Qual é o desafio do problema que Hans encontra e dessa solução do complexo de castração? De início, é a mulher.

É preciso justamente ver que se trata de saber por que vias a ameaça que emanava da mãe, no período complexo de castração, pode ser acomodada. Na fobia, ela é acomodada, mas a fobia é temporária, é um sintoma da infância. É isso certamente que faz com que

Lacan diga que ela não é uma das estruturas clínicas, mas um sintoma particular. Mas o problema é a resolução da vida amorosa tornada possível pelo complexo de castração. É essa a tese de início. É por isso que Lacan introduz o fetiche, pois ele recobre o abismo de uma superfície sobre a qual ele inscreve algo que ultrapassa, ultrapassa o gnômon, diz ele. Trata-se de uma forma de dissimular o abismo e, ao mesmo tempo, designá-lo, é por isso que tem uma função erótica. O fetiche é uma resolução da angústia mais eficaz que na fobia. O que angustia é o abismo, a saber, a ausência de um significante daquilo que lhe falta; quando o significante está ali presente, não se fala mais de abismo, mas de castração materna, e ela não angustia, ela tranquiliza. É por isso que Lacan tem a ideia de que é preciso evocar a castração da mulher para que o desejo erógeno do homem funcione. Caso contrário, ele foge. Essa é a ambiguidade da palavra "castração materna", ela não tem pênis, isso significa uma falta de gozo, mas isso não basta para significar sua castração, pois, quando não há significante fálico, não se pode interpretar a falta de gozo do outro em termos de pulsão. A devoração é uma interpretação oral do abismo.

SETE

9 de março de 2016

Trago, inicialmente, algumas observações complementares sobre o ponto em que havia parado, na última página dos *Escritos*, e naquilo que Lacan chama de "a natureza do falo", significante, diz ele, de um "ponto de falta" no sujeito. Já ressaltei que não se trata de qualquer falta, mas da falta de gozo conotada pelo "nada de pênis". Daí a ambiguidade desse significante fálico, que, de acordo com os contextos, designa ou a falta (subentendendo-se aí a falta de gozo inerente à emergência do sujeito e que tem o nome de objeto *a*) ou o próprio gozo, que encontra o seu significante no Φ maiúsculo — conferir "Subversão do sujeito e dialética do desejo", p. 836 dos *Escritos*. Lacan já havia escrito que a imagem do pênis enquanto negativada "predestina o falo a dar corpo ao gozo na dialética do desejo".

Lacan enfatizou cada vez mais esse tema. Ele chegou até a dizer que o falo é o "significante faltoso [*manquant*]"[1], ressaltando que esse propósito poderia surpreender seus

---

[1] LACAN, J. (1968-1969) *O seminário, livro 16: de um Outro ao outro*. Tradução de Vera Ribeiro. Rio de Janeiro: Zahar, 2008, p. 310.

ouvintes. Com efeito, ele surpreende, já que havia feito dele o primeiro significante da identificação primeira à falta do Outro. Mas ele esclarece sua proposta: é o significante faltoso [*manquant*] no espaço do sujeito. Na verdade, o sujeito, não sendo o indivíduo, sendo apenas aquilo que o significante representa para um outro significante, o falo, significante do gozo, é aquilo que é reconduzido para outro lugar e, por conseguinte, torna-se, diz Lacan, o significante do "gozo absoluto". O que quer dizer "gozo absoluto"? Isso, com efeito, surpreende na boca de Lacan. Gozo absoluto é aquele que faz falta justamente a quem fala como tal, aquele que é excluído, que a própria estrutura do sujeito da representação significante torna impossível, real, portanto. Daí, correlativamente, a questão daquilo que cabe de gozo possível ao falante, e isso só pode ser aquilo que a estrutura da cadeia de sua representação condiciona.

Essas são as mesmas questões que "O aturdito" formaliza, revisando as relações entre castração e Édipo, como diz Lacan, com a primeira fórmula da sexuação. Ela inscreve que "todo sujeito como tal", isso deve ser colocado entre aspas, se inscreve na função fálica, que é, ao mesmo tempo, função de gozo e de castração, digamos, de gozo "castrado", para retomar uma expressão de Lacan. Enquanto, da ficção do gozo absoluto do pai primitivo que o mito fazia reluzir na origem da ordem social, resta apenas aquilo que a lógica dos conjuntos permite colocar, a saber, a necessidade de um termo fora do sistema, para que colocar um todo – aqui, fora da função fálica, colocar o todo do "todo sujeito como tal" — seja possível. Não podemos esquecer que essas fórmulas da sexuação não comprometem em nada as relações de objeto, ou seja, o tipo de parceiro sexuado e, portanto, nenhuma norma sexual, mas somente as identificações do eu do sujeito, que, como dizia Lacan, são também uma "questão [*affaire*] de sujeito".

Continuarei falando sobre a fobia e sua concepção, mas, antes, vou me deter ainda no caso Hans, pois nesse seminário há dois problemas: o da fobia em geral e o do caso Hans, o pequeno fóbico de Freud, em particular.

Hans, heterossexual?

Volto a Hans tal qual visto no seminário sobre *A relação de objeto*, para apreender aquilo que Lacan diz da falta de sua solução. Não se trata de falta de sua fobia, mas de sua travessia do complexo de castração freudiano, cujo desafio nada mais é, na época, do que a normatização da sexualidade e, portanto, até mesmo mais, da definição da heterossexualidade.

Lacan mede as relações de objeto de Hans com relação àquilo que elas são estruturalmente em geral, a saber: "toda relação inter-humana está fundada numa investidura que vem, com efeito, do Outro", p. 382, e a "integração do homem, bem como da mulher, a seu próprio sexo exige o reconhecimento de uma privação", p. 383. A investidura pelo Outro, como homem ou mulher, passa por esse reconhecimento do sujeito, o qual tem por efeito fazer-lhe, cito, "perder, e depois reencontrar seu pênis", p. 390. Segundo Lacan, é isso que não teria se produzido em Hans. Releiam o final da lição do dia 19 de junho de 1957, isso está bem explícito.

Lacan encontra um índice de sua solução atípica quanto a seu tornar-se homem do lado de sua relação com a paternidade. Ele acessa somente uma paternidade imaginária. Além disso, sua relação com a mulher permanecerá de "estrutura originalmente narcísica". Talvez ele se torne pai, mas sua paternidade será imaginária, ele será hétero, mas com uma heterossexualidade narcísica. O que isso quer dizer? Freud distinguiu dois tipos de escolha de objeto heterossexuais, isso é conhecido. A escolha de objeto narcísico e a escolha de objeto por escoramento. No primeiro caso, trata-se de um traço de similitude, isto é, um traço narcísico que determina a escolha, no outro, um traço memorial do objeto primitivo, da mãe nutriz. Daí o termo "escoramento", que designa o apoio tomado pela libido sexuada nos instintos de conservação.

Para Hans, a relação com a mulher permanecerá marcada pela gênese narcísica. Ele será colocado em "ortoposição com relação à parceira feminina", mas este "não terá sido engendrado a partir da mãe, mas das crianças imaginárias que podem ser feitas na mãe, elas mesmas herdeiras desse falo em torno do qual girou todo o jogo primitivo (...)", p. 396. Se tivesse sido engendrada a partir da mãe, seria a escolha por escoramento no objeto primitivo, que supõe que a mãe tenha sido privada do falo, significante do gozo. Ela terá sido, então, engendrada por identificação com a mãe que faz filhos. Uma espécie, então, de versão da escolha narcísica de objeto, que não pega emprestado seu traço da imagem do corpo, mas de sua capacidade de gestação. Quanto à paternidade, a ideia de Lacan é de que ele será pai, entendamos aqui que ele, como sujeito, sustentará uma posição de pai, também por identificação com a mulher que faz filhos. "Hans substituiu a mãe, e tem filhos, como ela tem", p. 395. É isso que ele chama de paternidade imaginária. Portanto, essa construção implica que a posição sexuada depende das identificações edípicas, essa é bem a linha freudiana.

Lacan retoma o tema, mas em outros termos, em *De um Outro ao outro*, esse seminário tão importante, no qual ele explora ao máximo a veia lógica para extrair todas as consequências do fato de que o significante representa um sujeito para um outro significante.

É nesse seminário que Lacan retifica sua primeira tese, a qual fazia da fobia uma neurose, como já evoquei. Daí para frente, a fobia é para ele "uma placa giratória" que se volta para uma das grandes neuroses e, até mesmo, faz a junção com a perversão, uma "figura clínica", portanto, presente em contextos diversos. Deixo isso em suspenso, mas trata-se de um ponto essencial a ser elucidado. Deixo-o para depois, contudo. Detenho-me agora naquilo que ele reformula da posição final de Hans para com a castração, dessa vez em relação ao binário pênis/falo. É por isso que terminei nesse ponto no último encontro, aliás. A tese, se puder resumi-la, é a seguinte: Hans se tornou um heterossexual, mas ele tem como particularidade o fato de assegurar sua virilidade por meio de seu pênis, de seu órgão, portanto, e não por intermédio do falo, ou seja, o pênis como símbolo, como significante. Nesse sentido, ele é, por assim dizer, um falso heterossexual.

Desdobro a tese de Lacan: a fórmula da solução correta, aquela que se supõe que Hans não atingiu e que a psicanálise restaura para o neurótico, colocando um fim à sua "não hesitação" [*pas hésitation*], seria a seguinte, cito: "eu não tenho o pênis como símbolo", símbolo certamente querendo dizer significante fálico. Essa é a tese que já evoquei: a falta não do pênis, mas do falo, significante do gozo, funda o desejo masculino e aquilo que se chama virilidade. Aliás, a psicanálise contribui com relação a isso. Cito: "Ao término de uma psicanálise, o que é e continua realmente *angewachsen*, enraizado, como diz o Pequeno Hans, e, com a graça de Deus, em condições de servir à maioria, ou pelo menos assim desejamos, é, num certo plano *zerwurselt* [amarrotado]. É preciso que se tenha deixado bem claro que se trata apenas de um símbolo"[2]. Em *A relação de objeto*, ele dizia um objeto "imaginário" do processo de castração, que, por sua vez, é simbólico. Há outras expressões, por exemplo, o termo atribuição. De Schreber, ele notava que este não podia esperar a atribuição de um falo à sua pessoa. Atribuição supõe, evidentemente, toda a relação com o Outro, é preciso que o falo lhe seja atribuído, mas essa atribuição passa por uma recusa prévia. Ele também diz sobre o homem que ele não o tem, mas que "não existe sem tê-lo", um ter que passa pelo não ter do símbolo. Todas as suas expressões são convergentes e se resumem na ideia de que, para o homem, é a castração, ou seja, o gozo negativado, que "libera" o desejo. Liberar é o termo de Lacan desde "Diretrizes para um Congresso sobre a sexualidade feminina".

Daí decorre que, para se tornar um homem, é preciso chegar à fórmula "eu não tenho o pênis como símbolo, pois é isso o complexo de castração". Lacan insiste: é precisamente isso que se quer dizer "ao afirmar que o

---

[2]LACAN, J. (1968-1969) *O seminário, livro 16: de um Outro ao outro*. Tradução de Vera Ribeiro. Rio de Janeiro: Zahar, 2008, p. 314, aula de 14 de maio de 1969.

término da análise é a realização do complexo de castração, com isso rejeitando, por outro lado, a função pura e simples do pênis tal como ele funciona, ou seja, fora do registro simbolizado"[3]. Para Hans, ele propõe a fórmula inversa — "eu não tenho como símbolo, o pênis" —, subentendendo-se aí que não é o falo que me qualifica como significante de minha virilidade. Prova disso é sua maneira de encenar diante das meninas o papel daquele que tem o pênis. Cito: ele conservou "das relações sexuais, no entanto, uma concepção que colocava o pênis em primeiro plano como função imaginária, isto é, que é essa concepção que ele define como viril, ou seja, por mais heterossexual que ele pudesse vir a se manifestar, ele ficou exatamente no mesmo ponto em que ficam os homossexuais — refiro-me àqueles que se reconhecem como tais, porque, quando se trata das relações do sexo, é impossível ampliar em demasia, no campo das relações aparentemente normais, aquele que corresponde estruturalmente à homossexualidade"[4].

Eis, portanto, a definição que Lacan dava, na época, da sexualidade masculina sobre essas duas vertentes — hétero e homo —, que ele repartia em função da relação entre simbólico e imaginário. Homossexualidade, reconhecida ou mascarada sob a heterossexualidade, definindo-se pela atrelagem da virilidade à função imaginária do pênis real. Estamos em 1969.

Percebe-se a distância disso com as teses de "O aturdito", mesmo sem precisar explicitá-la mais adiante. Lacan,

[3] *Ibid.*, p. 314.
[4] *Ibid.*, p. 314-315.

é verdade, se refere aí ainda à sua "De uma questão preliminar", mas voltando sobre a distinção pênis/falo, muito insistente nesse texto, ele ressalta inicialmente aquilo que incumbe à análise nessa distinção. Por um lado, ele coloca que o falo é o significante do discurso analítico e que o órgão passou ao significante "pela função que lhe advém do discurso [...]", p. 456 dos *Outros escritos*. A referência não é o Édipo, mas o discurso. Em seguida, ele comenta: ($\forall$ x.Φx), "traduzido no discurso analítico [..], 'quer dizer' que todo sujeito como tal, já que este é o desafio desse discurso, inscreve-se na função fálica para obviar a ausência da relação sexual", p. 458 de *Outros escritos*. E a função fálica inscreve o gozo "castrado", que permanece independente da escolha de objeto.

Ressalto a precisão dada sobre o desafio do discurso analítico: é o sujeito como tal, o qual permanece definido pela expressão "o significante", que o representa para um outro significante, não nos esqueçamos disso. A expressão pode ser desdobrada duplamente, inicialmente sublinhando-se o todo, esse *todo* sujeito designa o universal daquilo que é sujeito, é, portanto, todo o analisante como tal que se submete à influência do efeito castração da análise. Mas também é possível ressaltar o "como tal", que vai em sentido inverso, que restringe o alcance dessa inscrição na função fálica somente àquilo que é sujeito. E esse texto, com efeito, é a ponta extrema do que Lacan vai elaborar quanto ao sujeito dividido, $\mathcal{S}$.

A fobia e a estrutura clínica

Entro na questão do estatuto verdadeiro da fobia. Desde o início, havia uma questão, como mencionei. A fobia é um sintoma, mas não um sintoma como os outros. Enfatizei a ambiguidade do significante "cavalo", que é, ao mesmo tempo, o significante de homela traumático e também o significante metafórico, destinado a domar seus malefícios destrutivos. Lacan, de início, concebeu isso como o passo de entrada na neurose, depois ele mudou de opinião. Por quê? O que justifica tanto a primeira quanto a segunda tese?

O passo de entrada em seu retorno a Freud, em "Função e campo da fala e da linguagem", apresenta que os laços reais entre os seres são multiplicados e transformados pelos laços entre os significantes, e que a clínica deve ser repensada em termos de cadeia significante. É assim que ele repensa o trio edipiano por meio de duas relações — imaginária e simbólica — entre três significantes — pai, mãe e criança. Salvo que a criança, ser real, deve emergir como sujeito, se subtrair, pois, do Outro como lugar preexistente, fazer sua entrada como sujeito que um significante representa para outro significante. Essa fórmula de Lacan é como um germe, e pode-se acompanhar durante anos sucessivos os comentários que ele faz dela, seus esforços para variar seu alcance e para ilustrá-la clinicamente até o seminário *De um Outro ao outro*, em que culmina a questão de se saber como e por que um sujeito se faz representar junto a um outro, e o que decorre daí com relação ao sintoma e à estrutura do Outro. Há uma trepidação [*bougé*] de posição com relação à fórmula de origem, o significante representa o sujeito, mas dizer que o sujeito, poderia dizer já um sujeito, "se faz" representar não vem a ser exatamente a mesma coisa. Voltarei a isso. O que o força a fazer isso? "O fogo no rabo" [*Le feu aux fesses*]⁵, diz Lacan. Uma exigência que tem pressa, portanto, mas qual?

Como situar a fobia nesse caminhar? Ele reconhece, no princípio, um sintoma, ao mesmo tempo precoce, muito geral, e, além disso, na maioria das vezes, com uma resolução espontânea, ele ressalta, aquilo de que Freud se gaba de ter obtido por meio dessa análise seria produzido também sem ela, um sintoma, portanto, o qual, na situação de angústia típica do momento do complexo de castração, promove — este é um termo certo — um significante. E que, por isso, está certamente ligado ao estatuto do sujeito, à eficácia do sujeito, como já sublinhei. Portanto, Lacan vê aí o passo de entrada na neurose.

Ora, qual é a definição de neurose nessa época? Ela é bem conhecida. Releiam "A instância da letra no inconsciente", o próprio exemplo de Hans nas passagens que citei. Ele extrai sua definição de neurose dali. Apreendendo aquilo que Hans exemplifica, a saber, cito, "a coextensividade do desenvolvimento do sintoma e de sua resolução curativa revela-se a natureza da neurose: fóbica, histérica ou obsessiva", p. 524 dos *Escritos*. A fobia está colocada como primeira, o que mostra que, cito ainda, "a neurose é uma questão que o ser coloca para o sujeito", e ele a coloca "no lugar do sujeito" e "com o sujeito". São essas as expressões de "A instância da letra", bem propícias ao mal-entendido e propícias a se fazer acreditar — o que não deixou de acontecer e que complica

---

⁵Nota da tradutora: A expressão apresenta dupla conotação em francês, podendo significar "estar com pressa" ou "ser apressado por alguém/algum motivo" (algo como "estar com a água batendo na bunda") ou, ainda, como em português, "estar com fogo no rabo".

a concepção de entrada em análise — que é o sujeito como falante que se coloca questões. Não, Lacan explicou isso suficiente e repetidamente até *De um Outro ao outro*, para que nos encontremos aí. Quando ele fala da questão que o ser coloca, que ser é este? É o inconsciente freudiano, o produtor do sintoma, e é por meio do significante do sintoma que a questão se apresenta e sem que o dito sujeito o saiba, e não se trata de qualquer questão. Essa questão é feita, digamos, ao saber do Outro. Ora, o saber sempre visa o real. O desejo de saber jaz no nó do desejo com o desejo do Outro, como desejo de saber sobre o gozo do Outro e sobre o saber do Outro com relação a esse real do gozo. As duas ocorrências principais desse real são as da existência e do sexo, que se apresentam desde a infância. O exemplo *princeps* que Lacan utiliza para ilustrar essa questão acarretada pelo sintoma é o de Anna O. e seu braço paralisado, uma paralisia antianatômica, sintomática. Essa é a definição de conversão histérica, uma paralisia que, tendo esvaziado o corpo de suas sensações, faz disso um braço reduzido ao significante braço, puramente significante, que se apresenta ao Outro, ao saber suposto do Outro, algo de que Freud fez notar o desafio. Tudo o que Lacan desenvolve em seguida sobre a neurose emana dessa primeira construção: um primeiro significante, produzido pelo inconsciente, o significante do sintoma, do qual podemos dizer, se quisermos, que ele representa o sujeito, mas o sujeito dito do inconsciente, aquele de que Anna O. não sabe, coloca sua questão para o Outro ou, antes, como significante, supõe isso, ou apela daí a um outro significante, o qual está forçosamente no Outro.

Tomemos outro exemplo. Em *De um Outro ao outro*, Lacan comenta um caso de fobia de galinhas exposto. O garoto que gostava de brincar de ser a galinha que põe ovos para sua mãe, como Hans punha crianças, desenvolve uma fobia de galinhas depois que seu irmão mais velho, com o qual ele se achava numa clássica competição, o agarra por trás e lhe diz: "você é a galinha e eu sou o galo". Tem-se aí angústia, pois seu narcisismo sexuado é colocado em questão, depois tem-se o sintoma, a fobia, cujo significante coloca a questão de seu sexo. E Lacan vai sublinhar que é sempre assim, que a ameaça narcísica é o elemento desencadeador. O termo narcisismo não deve enganar, não é apenas o narcisismo da imagem, mas da identidade sexual. Em Hans, a fobia explode no dito momento do complexo de castração, quando a criança se vê ameaçada em seu estatuto narcísico, mais precisamente, quando seu estatuto de menino, significante que o representa como sexuado no discurso comum, é colocado em questão pelos propósitos da mãe e que é preciso que ele encontre seu lugar na relação sexuada e na procriação. Com essa dupla questão, sobre o sexo e a existência, Lacan podia concluir que a fobia era o passo de entrada na própria neurose, na medida em que o sujeito neurótico se define por sua relação com o Outro.

Ele confirma essa neurose do fóbico em "Subversão do sujeito e dialética do desejo", a propósito da relação com a fantasia do Outro e da angústia para com o desejo do Outro, vejam a p. 838 dos *Escritos*: "O neurótico, de fato, histérico, obsessivo ou mais radicalmente, fóbico [eu destaco o "mais radicalmente", que ao mesmo tempo torna homogêneo e distingue] é aquele que identifica a falta do Outro com sua demanda, Φ com D. [...] Mas essa prevalência dada pelo neurótico à demanda [...] esconde sua angústia do desejo do Outro, impossível de desconhecer quando é encoberto apenas pelo objeto fóbico, e mais difícil de compreender nas outras duas neuroses". Passo adiante, mas sublinho apenas que a fobia aqui é uma das três neuroses, mas que Lacan marca já uma dissimetria com as outras duas.

Em relação à histeria e à obsessão, Lacan pôde dividir sua própria questão em função de dois acontecimentos de real: ser homem ou mulher? Morto ou vivo? Qual seria a questão específica do fóbico? Aquela sobre o sexo? Isso justificaria a noção freudiana de histeria de angústia. As duas questões juntas ou uma outra ainda? Na fobia das galinhas e na de Hans, é o sexo que está no centro, mas também a manutenção da vida do desejo, como disse.

Não seria, antes, uma primeira variante da questão geral imposta pela estrutura e que Lacan formula em "Subversão do sujeito e dialética do desejo", p. 833 dos *Escritos:* "quem sou eu?" Subentendendo-se aí: "quem sou eu como Eu [*Je*]?". Para o fóbico, ameaçado em seu ser de sujeito, a questão poderia ser formulada simplesmente assim: "Sou eu?". Em todo caso, Lacan jamais distinguiu uma questão que seria específica à fobia. Há diferenças notáveis, imediatamente perceptíveis. Analiticamente, é possível falar do desejo do obsessivo ou do histérico, isto é, de uma relação típica com o Outro. O que Lacan desenvolve abundantemente em *De um Outro ao outro*, ao falar daquilo que — tanto o obsessivo quanto o histérico — querem, daquilo que eles procuram, daquilo que eles não querem. Em outras palavras, há uma estratégia dessas neuroses, uma posição fantasmática típica para fazer suplência ao gozo que falta da relação sexual que não existe. O mesmo não ocorre com a fobia. O que poderíamos dizer do desejo do fóbico? A fobia, aparentemente, se reduz a um uso defensivo do significante e que parece estar em recuo com relação à opção por um desejo específico, que somente pode ser definido depois.

Se o significante da fobia é, como Lacan repete, um significante "faz tudo", qual seria esse tudo que ele faz? Quando se diz, ou se dizia, porque não se diz mais "uma empregada que faz tudo", tratava-se da definição de um emprego, era para dizer que sua tarefa não era especializada. Na fobia, o significante "cavalo" localiza o perigo e permite, então, se preservar diante da boca aberta do Outro. Ele permite também simbolizar a queda do Outro perigoso e as suas perdas. Ele é, portanto, um significante interposto, que protege do Outro existente, que protege o narcisismo do desejo, como disse, e, portanto, o estatuto do próprio sujeito, ameaçado de aniquilamento por redução ao objeto. Sua função oscila, portanto, entre acomodação do Outro e ser o suporte do sujeito.

É, dessa forma, como se a fobia fosse, com relação às estruturas clínicas, como um tronco comum de onde se engendram secundariamente tanto as neuroses quanto as perversões, pois não esquecemos a insistência de Lacan em sublinhar a ligação entre fobia e perversão, na medida em que ela é um tratamento diferente da relação com o Outro na neurose.

DISCUSSÃO

Pergunta: (sobre a distinção entre o objeto fóbico e o objeto fetiche) E o que dizer do fato de o jovem das galinhas ser homossexual, enquanto Hans é hétero, embora com uma relação particular com o narcisismo?

C.S.: Insisti em dizer que, no texto de Lacan, esses dois objetos não são específicos de duas estruturas distintas. Lacan precisa que o sujeito se divide entre esses dois objetos. Há apenas um sujeito em questão, produzindo, de um lado, um significante, o objeto fenomenológico da fobia é um significante; do outro, o fetiche, gnômon, que procede de um deslocamento que, por sua presença, evoca aquilo que faltava, o pênis. Isso é um convite para se procurar, para cada sujeito, a dimensão fetichista de toda sexualidade.

Por outro lado, suas perguntas postulam (como Lacan fazia na época) que a sexuação, ou seja, o modo de inscrição na função fálica, engaja a escolha de objeto. Algo que Lacan exclui a partir de "O aturdito" e, evidentemente, não sem razão.

Pergunta: Não consigo distinguir a metáfora do sujeito... e a metáfora do Outro. Qual é a relação disso com a emergência do primeiro gozar, que faz coalescência...?

C.S.: Naquilo que desenvolvi até aqui, não se trata de coalescência, mas, pelo contrário, digamos, da deiscência entre o gozar e o significante. Se os pensarmos separadamente... não é o gozo que traumatiza Hans, mas o fato de que o gozo não receba a investidura do Outro, do significante.

As duas fórmulas não são equivalentes. Não acredito que Lacan tenha falado de metáfora do Outro, sou eu quem emprega essa expressão, mas ela pode facilmente ser ouvida se você se remeter à escrita de "A instância da letra". A metáfora substitui um significante por outro, que dali fica como que recalcado, digo metaforizado. Na metáfora paterna, é o significante do pai que substitui o do Outro, escrito como DM, que é metaforizado — é por isso que digo: é uma metáfora do Outro preexistente. Em contrapartida, foi Lacan que falou de metáfora do sujeito, e isso é mais problemático em vista do que se segue — aliás, Lacan parou, em seguida, de evocá-la. Quando a introduz, ele a ilustra com Booz, o nome próprio do poema de Victor Hugo. Mas o nome próprio não é propriamente dito uma metáfora, é o índex de um existente, S, o qual, por sua vez, é um efeito de significante, mas que não tem significante, e isso é tão verdadeiro que ele só poderá ser "representado" pelo significante.

Pergunta: As fobias que se desenvolvem na adolescência são as da infância ou uma báscula?

C.S.: A fobia não é uma neurose, mas um sintoma. Quando Freud a evoca em "Inibição, sintoma e angústia" e em "Moisés e o monoteísmo", ele se interessa pelas fobias do adulto e dá vários exemplos, ao passo que Lacan não se deteve muito nas fobias tardias. Muito frequentemente elas, para ele, entram na estratégia para se evitar alguma coisa, seja no neurótico ou no psicótico. Ele evocou o desejo prevenido para a fobia fazendo um paralelo com as outras duas neuroses (ver *A lógica da fantasia*, lição de 21 de junho de 1967), mas *prevenido* quer dizer "prevenido contra o perigo", perigo vindo do Outro, e, portanto, não se vai até ele, um evitar puro. O desejo do obsessivo ou o do histérico são estratégias que visam, ainda assim, obter algo do Outro, apesar da angústia.

(Pergunta sobre a fórmula de "O aturdito": "todo sujeito como tal".)

C.S.: O todo designa o universal do sujeito. Quando se diz "o sujeito como tal", é o ser reduzido àquilo que lhe faz sujeito. Sujeito, porque nem tudo do ser é sujeito. O Outro, com maiúscula, é um semelhante, mas, como ele fala, não é o ser do semelhante. O "como" opera uma redução, descarta-se a imagem e fica-se apenas com a fala. O sujeito como tal é um corte sobre o indivíduo. É por isso que, no final de *Mais, ainda*, Lacan evoca o indivíduo. O "sujeito como tal" é o indivíduo reduzido à dimensão de sujeito.

Só há sujeito por ser falante, mas isso deixa de lado, por exemplo, a anatomia homem/mulher. Isso é importante para se compreender o "não todo". Se todo sujeito como tal se inscreve na função fálica, isso quer dizer que as mulheres, como falantes, estão inscritas na função fálica. Quando Lacan falar de um eventual gozo não inscrito na função fálica, isso será do não sujeito como tal.

OITO

23 de março de 2016

No último encontro, não evoquei as três fórmulas tão conhecidas — o desejo insatisfeito da histérica, o desejo impossível do obsessivo e o desejo prevenido do fóbico — que Martine Menès nos lembrou na discussão, pois meu objetivo não era aprofundar a questão da neurose, vou me deter aí, porém, por um instante. Essas três expressões não designam aquilo que seria o desejável para uma estrutura, como quando Lacan diz, por exemplo, que o obsessivo "não quer ser o mestre" ou que a histérica "não quer ser a mulher"; essas são expressões, de certa forma, que escutamos, as quais designam a visada de um desejo. Quando se diz desejo insatisfeito, impossível ou prevenido, isso é outra coisa e designa não a visada de um desejo, mas a forma pela qual o sujeito se sustenta com relação ao desejo. Com efeito, o desejo, curiosamente, esta força indestrutível segundo Freud, precisa ser sustentado, especialmente no neurótico, que se caracteriza por um desejo, cito, "instável e duvidoso em sua problemática". As três expressões indicam uma dificuldade neurótica com relação ao desejo, mas, ao mesmo tempo, uma forma de não renunciar ao desejo e de sustentá-lo. É que a dificuldade própria à neurose revela também a dificuldade estrutural do desejo em si mesmo, Lacan sublinhou isso. "A instância da letra no inconsciente", p. 522 dos *Escritos*, "os enigmas que o desejo propõe a toda 'filosofia natural', seu frenesi que imita o abismo do infinito, o conluio íntimo em que ele envolve com o gozo o prazer de saber e o de dominar, não decorrem de nenhum outro desregramento do instinto senão sua captação nos trilhos — eternamente estendidos para o *desejo de outra coisa* — da metonímia". É o paradoxo de um desejo efeito da linguagem e que não tem objeto natural capaz de estancá-lo, que ameaça sempre se extinguir nas satisfações da demanda e cuja constância não vem apenas de sua causa e nem de seu objeto. E "A direção do tratamento", p. 640 dos *Escritos*, marcou que "a importância de preservar o lugar do desejo na direção do tratamento requer que esse lugar seja orientado em relação aos efeitos da demanda". Nessa visada, o desejo prevenido já se distingue dos outros dois. O termo é equívoco, significando, ao mesmo tempo, desejo impedido de advir ou o desejo advertido, que trata do risco da castração. Seria a não hesitação do sujeito em posição fóbica. Digo em posição fóbica pois a fobia não é uma neurose.

A fobia, vigia do inconsciente

A expressão "placa giratória", de 1969, tira explicitamente a fobia do campo das estruturas clínicas. Por outro lado, paralelamente, os textos contemporâneos a *De um Outro ao outro* em que se encontra essa expressão — penso no "Resumo de *O ato analítico*" ou, ainda, num texto posterior, tal como a conferência de Genebra sobre "O sintoma" — estabelecem curiosamente uma ligação específica entre a fobia e... o inconsciente. Lacan, em certos momentos, até mesmo fala da fobia como se ela fosse não apenas o limiar do inconsciente, mas quase sua guardiã, entendendo-se aí como a guardiã do reconhecimento do inconsciente. É esse caso em 1979, no "Resumo do Seminário sobre *O ato analítico*"[1], texto em que ele afirma que o inconsciente é um "saber sem sujeito". A expressão é nova e contradiz aquilo que antes ele muitas vezes evocou, a saber, o sujeito do inconsciente, o sujeito suposto à cadeia inconsciente ou aos significantes do inconsciente, especialmente em "Subversão do sujeito e dialética do desejo". Desse inconsciente sem sujeito, ele nota que, cito, "a ideia de instinto rebaixa a descoberta"[2]. Com efeito, como conceber um saber sem sujeito, uma vez que se pressupõe que apenas um sujeito pode saber e que, quando há um saber, há um sujeito suposto ao saber, esse é o postulado que define a transferência. Há, portanto, uma questão aí: como pode haver um saber sem sujeito? O instinto animal pode ser convocado como explicação, pois, com o instinto, tal como ele funciona no mundo animal, tudo acontece como se cada indivíduo de uma espécie soubesse aquilo que ele tem que fazer para sua sobrevivência e sua reprodução. Daí a tentação de homologar o inconsciente do homem, inventado por Freud, ao instinto animal. Isso é perigoso, portanto, para a sobrevivência do freudismo. Mas sua descoberta, cito novamente, "sobrevive porque esse saber só se revela como legível"[3]. Essa é a diferença com o instinto, que, justamente, não é legível e é, então, apenas um pseudossaber,

---

[1]LACAN, J. (1969) O ato psicanalítico. In: *Outros escritos*. Tradução de Vera Ribeiro. Rio de Janeiro: Zahar, 2003, p. 371-379.
[2]*Ibid.*, p. 372.
[3]*Ibid.*

que não se decifra termo a termo. "A linha de resistência fixa-se nessa obra, que é tão desmedidamente avançada quanto pode ser uma fobia"[4]. Resistência a quê? Não à descoberta, evidentemente, mas à resistência da descoberta do inconsciente como saber, já que a fobia, desde o início, promove um significante, e legível. Isso confere à fobia uma espécie de função de vigia do inconsciente que implica uma nova conceitualização da fobia, diferente daquela de 1956, que fazia dela algo homólogo à metáfora do pai. Essa é uma tese pouco comentada e que é preciso tentar elucidar. Ela se associa à redefinição do inconsciente, mas, mais amplamente, à redefinição do simbólico, cito: "A ordem simbólica é mais do que uma lei, é também uma acumulação ainda por cima numerada. É uma ordenação"[5]. Uma ordenação numérica, portanto.

Voltarei a isso, mas já destaco a ruptura que isso implica com a ordem paterna da metáfora, que, decerto, implicava o caráter diferencial dos significantes, mas também uma combinatória, ao passo que a ordem numérica funda apenas uma série de elementos unários. O que estava faltando a Lacan, em 1956, para conceber plenamente a fobia? Ele diz ter elaborado o objeto *a*, e será preciso, portanto, ver qual é a ligação do objeto *a* com a ordem numérica do simbólico.

Esse remanejamento da função da fobia ou de seu lugar na estrutura é contemporâneo, como se vê na frase que citei, aos avanços que conduziram Lacan a pensar o

---

[4]*Ibid.*
[5]LACAN, J. (1968-1969) *O seminário, livro 16: de um Outro ao outro*. Tradução de Vera Ribeiro. Rio de Janeiro: Zahar, 2008, p. 286, aula de 7 de maio de 1969.

inconsciente não como discurso do Outro, mas como um saber, essa última tese sendo ela mesma proveniente das consequências daquilo que ele desenvolveu com relação à estrutura da linguagem. Um saber não é cadeia significante que veicula o desejo, do qual Lacan dá o grafo em "Subversão do sujeito e dialética do desejo", e que, no fundo, era um inconsciente-sujeito, sujeito decerto habitado por uma heteronímia, por um desejo significado pela cadeia do inconsciente, desejo que o ultrapassa, mas que, ao mesmo tempo, constitui seu próprio ser, um desejo sustentado por uma fantasia inconsciente em que ele se reconhecerá no fim. Pode-se verificar que o seminário *De um Outro ao outro* retoma o grafo várias vezes, mas que um dos principais problemas que ele tenta elaborar é o do inconsciente como saber sem sujeito, a saber, como Outro, cujo lugar só pode ser designado como Outro. O seminário *De um Outro ao outro*, que segue imediatamente aquele sobre *O ato analítico*, ato que poderíamos dizer também, sob certos aspectos, ser sem sujeito, esse seminário, portanto, tenta elaborar a estrutura específica desse Outro que é o inconsciente saber. É esse inconsciente que é solidário da definição de ato analítico e é a ele que ele liga explicitamente a fobia. E vamos ver que ela está na porta de entrada, ao mesmo tempo em que está no princípio de seu desconhecimento.

"Nascimento do Outro"

A definição de inconsciente encontra-se explicitada por Lacan em vários textos. Em "O engano do sujeito suposto saber", texto contemporâneo do seminário sobre o ato, ele dizia: "é de um lugar diferente de toda e qualquer apreensão [*prise*] do sujeito que se revela um saber"[6]. Nessa data, o saber designa simplesmente significantes que operam sem que o sujeito que diz "eu" saiba algo disso. É por isso que toda elaboração de saber, de saber novo, implica sempre a questão de seu lugar e o postulado do Outro como sujeito suposto saber. Não é apenas o caso na transferência analítica, mas o caso de todo saber novo produzido, de Descartes, que o convoca como garantia de sua aritmética, a Cantor, com seu primeiro *aleph*. E, ademais, é no mesmo texto "O engano do sujeito suposto saber" que Lacan continua, depois da frase que citei, sobre a questão do Outro como sujeito suposto saber, em que Lacan reconhece aquilo que Blaise Pascal designou como o deus dos filósofos, deus suposto a toda teoria e, até mesmo, à teologia.

A partir desse momento, ele ressalta que o inconsciente saber — ele ainda não havia dito saber sem sujeito — faz objeção ao postulado do sujeito suposto saber.

Em "A psicanálise, razão de um fracasso", da mesma época, Lacan insistia em dizer: "é o postulado que sucede ao inconsciente abolir"[7]. A fórmula o inconsciente, "saber sem sujeito", é feita para contradizer o sujeito suposto saber. Ela o contradiz em todos os casos, quer o tomemos no sentido do sujeito que sabe, como faz o neurótico, ou no sentido do sujeito suposto aos significantes do saber inconsciente, suposto aos Uns constituintes do saber inconsciente. Como tive oportunidade de dizer, o matema da transferência inclui essas duas faces da definição do sujeito suposto saber.

---

[6]LACAN, J. (1967) O engano do sujeito suposto saber. In: *Outros escritos*. Tradução de Vera Ribeiro. Rio de Janeiro: Zahar, 2003, p. 337.
[7]LACAN, J. (1968) A psicanálise, razão de um fracasso. In: *Outros escritos*. Tradução de Vera Ribeiro. Rio de Janeiro: Zahar, 2003, p. 345.

A questão introduzida pelo inconsciente, "um saber sem sujeito", é, evidentemente, a da estrutura desse Outro que é um saber sem sujeito, desse lugar onde há saber, ou seja, dos significantes, mas não de sujeito, esse Outro, portanto, que é diferente do sujeito suposto saber. O que dizer desse Outro, o inconsciente saber, que é diferente [*autre que*] do Outro do sujeito suposto saber? Daí o título de Lacan *De um Outro ao outro*, que pode ser declinado: do Outro do sujeito suposto saber ao Outro que é o inconsciente, saber sem sujeito. É o mesmo que dizer que a queda do sujeito suposto saber na análise não é a queda do saber, é a queda da suposição de sujeito, e é essa queda que torna o inconsciente "mais endurecido", como ele dirá em outro lugar. "O ato psicanalítico — resumo do seminário de 1967-1968", redigido em junho de 1969, que recolhe as aquisições do seminário *De um Outro ao outro*, o qual ele próprio completa aquele sobre "O ato analítico", esse *Resumo* é muito explícito sobre esses pontos. Cito a p. 372 dos *Outros escritos*: "Todas as -logias filosóficas — onto—, teo—, cosmo—, e também psico— —, contradizem o inconsciente". Inconsciente que torna impossível essa suposição do Outro que sabe. Uma análise terminada consiste em passar de um Outro a outro, daquele do sujeito suposto saber ao do inconsciente. "É preciso", diz Lacan, "que se enuncie uma estrutura do Outro", desse Outro outro, bem entendido, e foi para fazer isso que ele recorreu à lógica matemática dos conjuntos.

Ele elabora esse Outro outro a partir da fórmula "o significante representa um sujeito para um outro significante", que, portanto, não representa o sujeito. Para situá-lo, Lacan faz referência à lógica dos conjuntos, o que pode parecer muito abstrato, mas a lógica que os psicanalistas conhecem tão pouco não é a ciência do real da linguagem, dos limites que ela fixa aos seus assujeitados como somos nós. Além disso, é preciso ver bem que essa fórmula que define o significante está em contato direto com a experiência clínica. Lacan marcou isso, dizendo que temos mais o que fazer do que lógica matemática, porque nossa relação com o Outro é uma relação ardente, uma relação de demanda. Ora, pela "simples realidade da demanda ao Outro, surge o fato de que o Outro já contém, de certa forma, tudo aquilo em torno do qual ela se articula"[8]. O que equivale a dizer que aquilo que a demanda visa se encontra necessariamente no nível do outro significante. Sobre a fórmula "o significante representa...", falei que ela definia o significante mais do que o sujeito, mas um significante em si mesmo, isso não demanda nada. É o sujeito representado que demanda, e justamente uma das coisas muito interessantes do seminário *De um Outro ao outro* é que Lacan aponta a questão daquilo que motiva um sujeito a se fazer representar pelo significante junto a um outro significante. Essa é uma questão diferente daquela da estrutura do significante. E, em todo caso, essa é a prova de que, para Lacan, o sujeito, por ser suposto, ainda assim existe, embora como dividido. Ele diz isso de forma bastante crua, como disse, "é o fogo no rabo que é [...] a única coisa capaz de motivar aquele que chamei de animal a se fazer representar"[9]. O "fogo no rabo", a expressão é bem apropriada para falar da excitação e da busca de gozo,

---

[8]LACAN, J. (1968-1969) *O seminário, livro 16: de um Outro ao outro.* Tradução de Vera Ribeiro. Rio de Janeiro: Zahar, 2008, p. 54, aula de 27 de novembro de 1968.
[9]*Ibid.*, p. 351, aula de 11 de junho de 1969.

a incitação libidinal, tudo aquilo que a demanda dirigida ao Outro veicula. O que equivale a dizer que o matema do par ordenado $S_1 \rightarrow S2$ não é inerte, é animado, e a questão é de se saber o que fica prometido no nível do S_2, que, não sendo significante do sujeito, está no lugar do Outro. É preciso, portanto, sobrepor as duas escritas, aquela tão familiar da demanda D → A e a do par ordenado $S_1 \rightarrow S_2$, que confere a articulação significante. Há, portanto, o significante que representa o sujeito e um outro, sem maiúscula, são dois Uns:

$$\frac{\text{significante}}{1} \rightarrow \frac{\text{significante}}{1}$$

um primeiro e um segundo, e assim por diante. Uma série numérica desses 1 que não representam o sujeito se abre, portanto; aqueles que deciframos e que Lacan chama de Traço Unário (traços unários), que estão forçosamente no Outro.

Como disse, Lacan muda aí, correlativamente, sua definição de símbolo, e isso está explícito em *De um Outro ao outro*. Cf. p. 286: "A ordem simbólica [...] é mais do que apenas uma lei, é também uma acumulação, ainda por cima numerada. É uma ordenação". Uma ordenação numérica. Lembro a vocês que foi com isso que ele repensou a repetição freudiana. Em todo caso, eis uma frase que acrescenta algo à definição daquilo que Lacan chama de um saber; não é apenas acúmulo de significantes, mas significantes numericamente ordenados. Lacan, um pouco mais tarde, evocará a função de *lalíngua*; pois bem, justamente *lalíngua* não é uma ordenação, não é uma ordem numérica contável, mas uma acumulação, uma simples multiplicidade. Como de hábito, Lacan conserva o mesmo termo, ordem simbólica, mas isso não tem nada a ver com a primeira definição da ordem dita paterna da metáfora. E não há meios de fazer do pai o agente do número ou da contagem, não é mesmo? Notem que, em seu texto "A carta roubada", já procurava colocar uma ordem simbólica relevante, naquele momento não da numeração, mas apenas da sintaxe significante. E Lacan fez questão de colocar esse texto como primeiro de seus *Escritos*, indo contra a ordem cronológica, o que mostra a importância que ele lhe atribuía.

Como esse Outro se constituiu? "Para que haja simbólico é preciso que se conte ao menos 1"[10]. E acrescento: a partir daí, uma série de possíveis sucessores e a ordem numérica da contagem. Lacan precisou que esse "um no Outro" é o primeiro tempo de que se constitui o Outro. Esse primeiro Um assegura, portanto, "o nascimento do Outro", segundo a expressão à qual os Lefort tinham dado grande importância. Esse 1 abre a série numérica dos traços unários, evidentemente. Voltarei a isso. Lacan compara esse Outro a um cavalo de Troia invertido, que não despeja nada, mas que absorve. Cito: "A cada vez ele traga uma nova unidade em seu ventre, em vez de deixá-las escoarem pela cidade noturna [...] de fato, a entrada do primeiro *um* é fundadora"[11]. Fundadora do Outro.

Vocês veem onde se coloca a fobia e sua função. Do cavalo de Hans, em 1956, Lacan já havia feito, como

---

[10]LACAN, J. (1968-1969) *O seminário, livro 16: de um Outro ao outro*. Tradução de Vera Ribeiro. Rio de Janeiro: Zahar, 2008, p. 290, aula de 7 de maio de 1969.
[11]*Ibid.*, p. 366, aula de 18 de junho de 1969.

destaquei, não um significante representando o sujeito, mas um significante metaforizando o Outro, homólogo ao Outro da metáfora nessa época. Ele corrige: não é metáfora, isto é, substituição de um significante por outro, é o primeiro Um constituinte do Outro, bem entendido, o primeiro significante legível do Outro, constituinte, portanto, do cavalo de Troia que é o Outro, que, a partir desse momento, vai engolir outros traços unários. Vejam o esquema das p. 301 e p. 346.

$$S_1 \left(\begin{matrix} A \\ S_2 \end{matrix} \left(\begin{matrix} A \\ S_3 \end{matrix} \right. \right.$$

Ele visualiza que o Outro não se confunde com seus elementos, e Lacan precisa que o S1, inscrito fora do círculo do Outro, designa "o limite do campo do Outro como conjunto vazio"[12].

Compreende-se a "obra tão desmedidamente avançada", uma vez que ele havia, até então, chamado simplesmente de posto avançado [*poste avancé*]; com efeito, ela é desmedidamente avançada, pois a fobia, por sua vez, faz mais do que avançar sobre o campo do Outro, ela é o primeiro significante constituinte do lugar dos traços unários, do saber inconsciente. A fobia é o primeiro Um do inconsciente, chegando ali onde estava o abismo daquilo que ele chama de "homela". Com efeito, a "homela" é o lugar sem significantes, o lugar do escuro absoluto. Com o escuro, evoco aí a apresentação de Marie-José Latour nas Jornadas dos

---

[12]*Ibid.*, p. 346, aula de 11 de junho de 1969.

Colégios[13], que nos falou do escuro que amedronta certas crianças. Essa nova concepção do significante da fobia, que lhe confere uma função de destaque, é apenas um primeiro passo e não esgota a questão. E é por isso que no "Resumo", depois de ter evocado a obra tão desmedidamente avançada, com seu primeiro significante legível do Outro, ele acrescenta "ou seja, não há esperança de fazer entender que não se entendeu nada do inconsciente quando não se foi mais adiante". É, pois, preciso ir mais longe, e veremos, então, onde é que a virtude da fobia termina.

A placa giratória é, portanto, o Um primeiro do saber "no Outro", em outras palavras, do inconsciente sem sujeito, junto ao qual o sujeito se representa. Cito: "o sujeito apenas se inscreve numa articulação do campo do Outro, um pé para fora, um pé para dentro".

Não era uma metáfora

Parece que muitos têm dificuldade em compreender essa passagem da fobia metáfora à fobia significante constituinte do Outro. Em 1956, no momento da escrita da metáfora paterna, o significante constituinte do Outro era o NP (Nome-do-Pai), a escrita da metáfora indica isso. Ali onde estava DM sobre o x, ou seja, a escrita do abismo nessa época, Lacan escreve o Outro como resultado da metáfora. O Pai era pensado como fundamento do Outro. Antes da metáfora, tínhamos DM/x, e depois:

---

[13]Nota da tradutora: Referência à Journée Nationale des Collèges de Clinique Psychanalytique du Champ Lacanien, realizada em 19 de março de 2016, em Marselha, na França. O trabalho ao qual a autora faz alusão é "Pourquoi les enfants ont raison d'avoir peur de l'obscurité" [Por que as crianças têm razão em ter medo do escuro], de Marie-José Latour.

Nome-do-Pai . $\left(\dfrac{A}{Falo}\right)$

Aliás, de forma mais geral, ele escrevia o resultado de toda metáfora assim:

$$S\left(\dfrac{1}{S}\right)$$

o 1 indica o lugar elidido pelo desaparecimento de um significante metaforizado, ver p. 563 dos *Escritos*. Em 1969, a fobia é o primeiro traço unário, significante fundador do Outro, lugar do saber, que, no "Resumo", Lacan vai qualificar como sendo o "inconsciente sem sujeito", o que abre ao não sem o corpo.

Alguns perguntam: mas como isso fica com a metáfora do pai? Justamente, isto não fica, e menos ainda que o pai — Lacan deixou de concebê-lo como constituinte do Outro, e isso desde "Subversão do sujeito dialética do desejo", no qual ele coloca que não há Outro do Outro, o que antes o pai era, e que o constituinte do Outro é o S(A̸). Aí já há a referência à lógica e ao paradoxo de Russel. Esse significante é "simbolizável pela inerência de um (-1) ao conjunto dos significantes"[14], é um traço que se traça no círculo dos significantes "sem poder ser incluído nele", -1 (A), e cito, "esse significante, portanto, será aquele para o qual todos os outros significantes representem o sujeito: ou seja, na falta desse significante, todos os demais não representam nada", p. 833 dos *Escritos*. Esta não é a mesma construção de *De um Outro ao*

---

[14]LACAN, J. (1960) Subversão do sujeito e dialética do desejo. In: *Escritos*. Tradução de Vera Ribeiro. Rio de Janeiro: Zahar, 1998, p. 833.

outro, mas já mostra a distinção entre os significantes do sujeito e do Outro, e o Outro está colocado como descompletado apenas pela lógica da linguagem.

O Um e o *a*

Como disse, qual é a elaboração que permitiu dar esse passo de sair da fobia e da estrutura da neurose? É a do objeto *a*. Foi Lacan quem marcou isso na p. 289 de *De um Outro ao outro*: "O termo que eu havia destacado em 1956-57, enquanto seguia passo a passo o Pequeno Hans, na tentativa de decifrá-lo, não podia ser, na época, objeto *a*". O termo que ele havia destacado foi o de significante; faltava, portanto, a relação de significante com o objeto *a*. Ao elaborar essa relação do significante com *a*, no decorrer do tempo — e o primeiro grande passo foi o seminário de *A angústia* —, ele acrescenta algo.

Qual seria a relação entre o advento de significantes que é uma fobia, pode-se dizer um advento de significantes para um dado sujeito, e o objeto *a*? Essa é a questão sobre qual não se deve enganar. É claro que os significantes do bestiário da fobia convocam o objeto sob todas as suas formas imaginárias, mas o que Lacan quer estabelecer é que o objeto não é imaginário, e mesmo se ele induz a representações, ele é real. Imaginariamente, o objeto, objeto imaginário, se representa como "peça destacada" do corpo, é, portanto, um objeto removível. Destacável, representado como destacável, pode ser ejetado ou retirado — como, por exemplo, o seio no desmame, o excremento e, em seguida, o pênis, isso está claro em Hans. Mas destacável, ele também se representa como apropriável, como o objeto que se pode ter, que se quer possuir, caso do objeto oral e de todas as suas metonímias, até as sexuais.

Assim como as representações de castração. A castração imaginária unifica a relação com o objeto destacável que toda fobia arrasta consigo, mas as representações de castração não são a castração, que não é imaginária, não é um mito, como o pai do Édipo. "Subversão do sujeito e dialética do desejo" insiste nisso nesses mesmos termos, a castração é real, efeito real do simbólico e, em 1969, do simbólico numérico.

Toda a demonstração de Lacan é para estabelecer que o inconsciente é o lugar dos Uns, dos traços unários que não representam o sujeito, é um lugar furado. "O próprio campo do Outro [...] é em forma de a"[15]. Cito: "o objeto a é o furo que se designa no nível do Outro"[16]. E vai se tratar, para ele, de mostrar a gênese do objeto a em vez do Outro. Há um nascimento do Outro, como disse, a fobia responde a isso, e há uma gênese do objeto a no Outro, correlativa. É preciso ver o que faz a fobia com relação a isso. A resposta, que dou por antecipação, antes da demonstração, é que ela contribui para o seu desconhecimento. O 1 fundador do Outro não é suficiente para nos levar ao reconhecimento do inconsciente como saber sem sujeito, como Outro que não é sujeito. Por quê? Porque um advento de significantes conduz diretamente, de Descartes a Cantor, passando por todos os pequenos fóbicos do mundo, a convocar o Outro, sujeito suposto saber, aquele mesmo que o inconsciente contradiz. O 1 fundador do Outro desemboca na transferência. Cito

---

[15](1968-1969) *O seminário, livro 16: de um Outro ao outro*. Tradução de Vera Ribeiro. Rio de Janeiro: Zahar, 2008, p. 292, aula de 7 de maio de 1969.

[16]*Ibid.*, p. 59, aula de 27 de novembro de 1968.

"O ato analítico — resumo do seminário de 1967-1968", p. 373 dos *Outros escritos*: "A transferência parece já ser suficientemente motivada pela primariedade significante do traço unário". Em outras palavras, não é preciso nada além desse traço unário. No início da "Proposição de 9 de outubro de 1967" sobre o psicanalista da Escola, Lacan dizia: "No começo da psicanálise está a transferência", p. 252 de *Outros escritos*. E ele acrescentava: "não temos que dar conta do que a condiciona. Pelo menos aqui". Sim, mas em 1969, ele presta contas daquilo que o condiciona: é o traço unário que não representa o sujeito, mas que emerge em sua experiência. Essa condição primeira da transferência está, em geral, mascarada pelo fato de que, uma vez produzida essa transferência, que é suposição do Outro como sujeito, sujeito suposto saber, se desdobra na dimensão do amor, e Lacan teve que insistir para mostrar que não se tratava de qualquer amor. A fobia é fundadora do Outro, mas não chega a fundá-lo como um não sujeito. É por isso que é preciso ir mais longe. A fobia não vai mais longe, ao contrário, ela suscita estruturas de desconhecimento, aquelas que têm relação com o Outro como sujeito suposto saber: neuroses e perversões.

DISCUSSÃO

Pergunta: Será que aquilo que é legível não é a transferência, com o apelo ao sentido?

C.S.: É a definição do significante, isso de ser legível. E como damos sentido senão acrescentando significantes a um primeiro significante? Fabrica-se, pois, uma pequena cadeia significante no apelo ao sentido da transferência. Ao passo que aquilo que Lacan demonstra é que a estrutura do Outro, o inconsciente, não é uma estrutura de cadeia, mas sim de série — 1, 1, 1 —, numérica, contável. Daí sua fórmula muitas vezes repetida: "o sério é a série"; o que está aí implícito é que não se trata da metáfora. E o que fazemos, depois de Freud com a decifração, senão série?

No início da "Introdução à edição alemã de um primeiro volume dos *Escritos*", Lacan evoca as duas dimensões, a decifração e o sentido, e precisa: não é porque uma dimensão dá seu termo a outra, não é porque o sentido, às vezes, dá um termo à operação de decifração e não é porque se para quando se encontrou um sentido que as duas operações são homogêneas. A dimensão do sentido não é homogênea à dimensão da cifração/decifração. Com isso, Lacan indica que a cifração/decifração não tem sentido em si, dá-se sentido, somente há sentido para um sujeito que dá sentido, e na transferência se dá sentido.

Há sujeitos que têm um gosto maior ou menor pelo sentido, mas é possível dar sentido a qualquer coisa, menos às matemáticas.

Pergunta: Ainda estou pensando no traço unário, S_1 da identificação, e a senhora fala em traços unários que são S_2?

C.S.: Na verdade, encontra-se em Lacan usos diversos do *traço unário*. Nesse estrato de sua elaboração, ele separa claramente o S_1 que representa o sujeito junto a S_2, e é isso que ele chama de traços unários, e é com isso que ele pensa a repetição entre 1964 e 1969. Mas antes, ele falou, por exemplo, do ideal de eu freudiano como um ideal do Outro, I(A), para designar um traço tomado no Outro e de que o sujeito se apropriava: ele se fazia representar por um traço emprestado ao Outro. *Unário*, portanto, significava, ao mesmo tempo, que isso religava o um e o Outro. Tratava-se de um Um do sujeito, representando o sujeito. O que deixa de ser o caso quando os traços unários em questão são os significantes do saber sem sujeito; eles, por sua vez, afetam o corpo, o corpo, "lugar do Outro", diz "Radiofonia". O primeiro traço se torna, então, mais que unário, único.

Pergunta: No caso da psicose, o sujeito existe sem marcas simbólicas...

C.S.: Mas como fazer entender que, se o simbólico é o numérico, não se pode privá-lo dos psicóticos. Lacan pôde dizer que S_1, S_2, a e $\mathcal{S}$ se aplicavam à psicose, contrariamente àquilo que todo mundo imaginava desde a metáfora paterna. Se ele diz isso, é precisamente porque modificou a definição daquilo que chama de simbólico. O simbólico é numérico.

Há significantes na psicose, trata-se do numérico. A questão é saber se os significantes do simbólico numérico afetam o gozo da mesma forma em todas as estruturas. Mas não é mais possível dizer que não há simbólico na psicose, exceto que se trata de um simbólico que não faz laço.

O que há de engraçado — enfim — é que Lacan diz "há do Um [*y a de l'Un*] e nada mais". Mas isso não impede que o Um não seja o Um.

Há diversos tipos de Uns, é isso que ele tenta explicar no seminário ...*ou pior* e, em particular, no resumo que ele escreveu, "ou pior", o primeiro texto de *Scilicet 5*, em que distingue vários tipos de Um. O Um é múltiplo e, entretanto, nenhum faz 2 com outro. Há os uns de repetição, a série repetitiva 1, 1, 1, 1. Há o um dizer, o um sozinho e que se sabe sozinho. A fórmula fala por si só, como se diz, ela evoca bem as queixas do sujeito, mas, como diz Lacan, não é porque se expõe um caso que se faz clínica. Somente a clínica estrutural é digna desse nome, o que não exclui os debates sobre a estrutura.

Pergunta: "Há do um" [Y a de l'un], *está-se do lado do gozo?*

C.S.: É possível responder duas coisas. Por um lado, que os traços unários que indexam uma experiência ao fundamento da repetição tocam o gozo. Eles são solidários ao objeto *a*, o Um produto da perda. Mas o que faz traço de inscrição? Em 1969, mesma época, nos desenvolvimentos sobre a repetição, Lacan indica que qualquer coisa pode ser traço de repetição — uma imagem, um objeto (fobia), um significante —, pode servir de traço de repetição, desde que seja um traço discreto, distinto de qualquer outro, identificável. Há essa ideia em Freud desde o fim de *A interpretação dos sonhos*, quando ele tenta fazer uma genealogia do desejo a partir da experiência de satisfação. Ele convoca as representações que são solidárias de uma perda da experiência primária. Por outro lado, creio que o Um dizer é algo diferente do gozo do corpo. Ele é índex de uma existência.

NOVE

6 de abril de 2016

Parto, portanto, da seguinte tese: a fobia sustenta a descoberta do inconsciente por meio da produção de um primeiro significante, legível — o legível sendo o traço que distingue esse inconsciente do instinto animal. O inconsciente, "isso se lê", diz Lacan em *Mais, ainda*, com a ideia de que uma análise pode ensinar o analisante a ler. Entretanto, como evocamos na discussão, o que é ler senão reconhecer, de início, os significantes, na leitura ortográfica ou na decifração analítica e daí entrar naquilo que Lacan chama, no "Prefácio à edição inglesa do Seminário 11", de "esp", ou seja, "o espaço" onde o sentido se produz pela adjunção de outros significantes. É o próprio espaço da transferência que "se motiva, assim, suficientemente apenas pelo traço unário". Por isso, para se dizer "inconsciente sem sujeito", é preciso "ir mais longe", e não apenas produzir um primeiro significante, mas construir ou perceber a estrutura desse lugar Outro que não é um sujeito, mas onde há saber, e um saber que tem efeitos sobre aquilo que se chama de sujeito nesse inconsciente, porque este inconsciente "é o seu".

Estrutura furada

Como conceber esse espaço do Outro, diferente de qualquer sujeito? Comecei a apresentar a construção de Lacan, vou continuar, mas gostaria, antes, de fazê-los apreenderem o que inspira o seu ponto de partida, em outras palavras, o que ele busca e que o levou a mudar a sua definição de simbólico. Já li para vocês a passagem em que ele precisa a natureza numérica. De onde vem isso e o que isso muda? Na definição primeira da linguística, com a metáfora e a metonímia, os significantes — tais como os do Édipo, pai, mãe, criança, falo — são também palavras que carregam um sentido, que têm um conteúdo. Quando se falava, então, do um ou do outro, sem maiúscula, de um significante e de um outro, para interrogar a lógica da linguagem, engajava-se uma diferença que não era apenas de unidade significante, mas também de significação e de sentido, S/s. Em 1969, Lacan dá um passo a mais e interroga a lógica da linguagem a partir do modelo da lógica matemática, na qual o símbolo utilizado, as letras — já que se trata de escrito — não têm sentido, são pura escrita sem conteúdo. O mesmo acontece mais tarde com a cadeia borromeana, as rodelinhas de barbante são ali Uns, equivalentes, em outras palavras, sem significado. Com essa bússola, Lacan questiona a diferença carregada na expressão "um e outro", p. 344 do seminário, e volta a isso bem no final. Essa expressão é puramente numérica, os dois são Um e, portanto, o segundo não é outro em nada, Lacan precisa que o número marca a pura diferença sem conteúdo, quer dizer, sem o sentido. Não se deve esquecer de que se fala de uma diferença absoluta no fim de análise.

Quando se diz que o significante representa o sujeito para um outro significante, ou ainda, que o sujeito se dirige ao Outro, lugar dos significantes, isso a que nós estamos habituados pela demanda, como colocar em termos de pura lógica a diferença desse outro significante? Esse é todo o assunto do seminário *De um Outro ao outro*, e o vemos ali explorar diversas pistas que emanam do fato, como ressaltei, de que um simbólico, feito de elementos discretos, é numérico, quiçá contável. É preciso, então, partir novamente do Um, do Um de um significante. A tese que ele desenvolve é que, desde que haja um, há o *a*. Aliás, é com essa tese que ele repensa a repetição.

O 1, seja ele qual for, gera o *a*. Ele escreve:

$$1 \downarrow a$$

Quando esse 1 é o outro significante, o traço unário, que não representa o sujeito, mas junto ao qual o sujeito se representa, esse traço é um "outro Um", diferente daquele do sujeito, ele é "o um no Outro", e o *a* engendrado por esse Um o é no Outro. Para Lacan, trata-se de demonstrar que esse Outro, que não é um sujeito, mas um lugar, o lugar dos traços unários do saber, do saber que marca o corpo — pois, não nos esqueçamos, Lacan formula isso nesse seminário e o retomará em "Radiofonia", o lugar do Outro é o corpo, não o sujeito —, pois bem, esse lugar onde opera a lógica numérica é furado, furado pelo objeto *a*. A tese é, portanto, a da inerência do objeto *a* ao inconsciente saber sem sujeito. A é produzido pelo saber, pelos traços unários do S_2, inscrito no corpo. De um lado, então, o 1 do sujeito, do outro, lado do Outro, os 1 do ou dos traços unários, com seu a.

$$\frac{1}{\not{S}} \rightarrow A\,(1.\,a) \text{ ou } (1,a)$$

O outro furado, evidentemente, só pode ser furado por um efeito de linguagem. Qual? Para estabelecer isso, Lacan recorre à teoria dos conjuntos, que mostra que, desde que haja um 1 significante — o da fobia, por exemplo —, o Outro no qual ele se inscreve se torna conjunto com 1 elemento. Ora, como a teoria dos conjuntos obriga, desde que haja conjunto com 1 elemento, um outro 1 ainda está implicado, que é o do conjunto vazio, assim como o 1 numérico implica o zero. Desde que haja 1, tem-se, por acréscimo, esse outro 1 que é o conjunto vazio, Ø. O Outro como conjunto vazio é, portanto, um outro 1, diferente do 1 que ele contém como elemento. É isso que Lacan chama de o *Um a mais*. A estrutura do Outro como conjunto vazio se escreve, portanto: 1{1, Ø}. O 1 escrito fora do parêntese sendo o 1 do próprio Outro. Cito: "tudo que se deixa apreender na função de significante nunca mais pode ser *dois* (subentendendo-se aí como no par ordenado), sem que se abra no chamado lugar do Outro aquilo a que [...] conferi o status de conjunto vazio"[1]. Ele prossegue: "Enfatizo aqui a função decisiva do *um-a-mais* como externa ao subjetivo"[2].

---

[1]LACAN, J. (1968-1969) *O seminário, livro 16: de um Outro ao outro*. Tradução de Vera Ribeiro. Rio de Janeiro: Zahar, 2008, p. 364, aula de 18 de junho de 1969.
[2]*Ibid.*, p. 365, aula de 18 de junho de 1969

O que é que se deixa apreender na função significante? Sabe-se que é o próprio ser vivo, que, por essa razão, perdeu o instinto que guia o animal para sua sobrevivência e para sua reprodução. Não é de se espantar, portanto, ainda que numa primeira leitura a gente se espante, se Lacan, para ilustrar os efeitos dessa estrutura do Outro sobre "aquilo que se deixa apreender na função significante", evoca inicialmente a famosa história hegeliana do mestre e do escravo com o risco de vida na luta de puro prestígio, e também a aposta de Pascal, em que também se trata de se sacrificar uma vida. Em seguida, ele se volta para o sexo, para a relação homem/mulher, a qual comenta com relação ao obsessivo e ao histérico. Essa estrutura 1 e o conjunto vazio, que ele chama de "em-fôrma [*en forme*] do Outro"[3], com uma maiúscula para Outro, para dizer que é o significante do Outro, S(A), que não deve ser confundido com S(A̶), ele precisa. Essa estrutura pode ser confirmada fora da psicanálise pela lógica dos conjuntos, mas ela diz respeito, forçosamente, a tudo o que cai sob a influência, sob a apreensão da lógica da linguagem. "Que um tal Outro se explore não o destina a saber coisa alguma dos efeitos que comporta sobre o vivente que ele veicula como sujeito a seus efeitos", diz "O ato analítico, resumo do seminário de 1967-1968", p. 373, e, na verdade, porque o Outro, lugar do saber inconsciente, não é um sujeito. Pois bem, essa estrutura do 1 e do *um-a-mais* que é o conjunto vazio é também aquilo a que ele chama de "estrutura lógica do objeto *a*" como objeto que falta. Estrutura "de lógica pura", diz o "Resumo". O Outro dos

---

[3]*Ibid.*, p. 293, aula de 7 de maio de 1969.

significantes do saber sem sujeito aí está irremediavelmente furado, a enforma [*enforme*] do Outro, com maiúscula, é também, então, a "em-fôrma [*en forme*] de *a*", sem maiúscula. Forma deve ser tomada aqui no sentido de formal, não de forma imaginária. "A enforma de A", com maiúscula, 1(1, Ø) incluindo o conjunto vazio, 1{1,a}[4]. É justamente o objeto *a* gerado primariamente no Outro que se reescreve, portanto, 1(1.a). Lacan comenta: "o objeto *a* que produzimos na eficácia da fobia"[5], essa eficácia que consiste em se produzir um primeiro significante. Mas o esquema é recorrente, pois após o primeiro significante, primeiro traço unário, outros virão, 1(1(1.a), e Lacan fala, então, de "objeto surgido da repetição", bem entendido, da repetição dos 1.

Aqui, um bom número de questões se abre: como se articula essa consistência do objeto *a*, que Lacan chama de "consistência lógica" enquanto objeto faltoso gerado no Outro sem sujeito, como efeito puramente lógico da linguagem sobre o corpo, como um automatismo significante, que não procede de nenhuma opção que seria do sujeito, que, ao contrário, constitui seu destino de falante, como se articula isso com sua consistência corporal?

Inicialmente, sua consistência imaginária, o corpo é o imaginário, Lacan não cessou de afirmar isso, e sua consistência "substancial" de mais-de-gozar, de início ilustrada nos objetos da pulsão. Em outras palavras, como se passa do formal à forma imaginária, a esse oco na colcha que figura o objeto *a*, que Martine Menès evocava nas

---

[4]*Ibid.*
[5]*Ibid.*, p. 323, aula de 21 de maio de 1969.

Jornadas dos Colégios[6], mas também do formal dos traços unários ao real do gozo? Em termos mais teóricos, como esse simbólico numérico tem efeitos sobre o imaginário, como era o caso do simbólico estruturado pela metáfora e pela metonímia? Mas também, outra questão, qual é "a articulação do Outro ao gozo"[7], esse Outro furado pelo objeto que falta? Essas questões estão apresentadas em *De um Outro ao outro*, e Lacan responde-as. Só que é difícil de ler por causa da composição, e é preciso encontrar o fio da meada e extrair perguntas e respostas.

Anaclitismo e perversão

É com essa questão que ele volta ao caso de Hans, dizendo que lhe faltava naquela época, cito, "treze anos atrás, [...] estudar o verdadeiro pivô de que se trata, e que vai muito além do caso. Trata-se do que entra em jogo a todo instante no limite, na fronteira entre o imaginário e o simbólico"[8], salvo que ele retoma a questão a partir do simbólico numérico. "Essa contagem, seja qual for o nível de estrutura em que a situemos no simbólico, tem efeitos no imaginário"[9]. Não se poderia falar de forma mais clara da retomada da mesma questão, mas com um simbólico repensado sem o sentido, em seu nível de lógica numérica,

---

[6]Nota da tradutora: Referência ao trabalho "C'est ça l'enfance" [Isto é a infância], de Martine Menès, apresentado durante a Journée Nationale des Collèges de Clinique Psychanalytique du Champ Lacanien, ocorrida em Marselha, na França, em 19 de março de 2016.
[7]LACAN, J. (1968-1969) *O seminário, livro 16: de um Outro ao outro*. Tradução de Vera Ribeiro. Rio de Janeiro: Zahar, 2008, p. 315, aula de 14 de maio de 1969.
[8]*Ibid.*, p. 290, aula de 7 de maio de 1969.
[9]*Ibid.*, p. 291, aula de 7 de maio de 1969.

fora do sentido. Com esse recurso ao numérico, pode-se escrever a mudança com relação à antiga metáfora paterna. Lacan escrevia seu resultado assim:

$$\text{Nome-do-Pai} \cdot \left(\frac{A}{\text{Falo}} \right)$$

Depois, ficará apenas assim:

$$1. \left(\frac{1}{a} \right)$$

O que aparece no imaginário é o objeto *a*.

A tese é que, cito, "a contagem tem o efeito de fazer surgir no nível do imaginário aquilo que chamo de objeto *a*"[10]. Eis o que substitui a tese de 1957, que diz que o Nome-do-Pai faz aparecer o falo no imaginário. A contagem dos significantes — o simbólico começa na contagem dos significantes no Outro — faz aparecer o objeto *a* no imaginário. No imaginário, que é o campo da significação, mas onde há uma imagem à parte, a imagem especular, i(a). É preciso especificar as relações de i(a) com *a*. Lacan diz e escreve assim:

$$\frac{i(a)}{a}$$

A imagem mascara, recobre o objeto *a* como falta de gozo, "o objeto *a* como essencialmente alicerçado em efeitos maliciosos, no campo do imaginário daquilo que se passa no campo do Outro"[11]. E o que se passa ali diz

---
[10]*Ibid.*
[11]*Ibid.*, p. 292, aula de 7 de maio de 1969.

respeito ao sujeito, já que o sujeito tem um pé no Outro, o pé do significante junto ao qual ele se representa. Para ilustrar o objeto que aparece no imaginário devido à contagem numérica, pois bem, Lacan recorre novamente ao exemplo da fobia, que, sendo o primeiro significante do Outro, implica, segundo sua tese, na aparição de *a* no imaginário. Voltarei a isso, mas noto que ele não convoca apenas a fobia para situar esse efeito de aparição de *a* no imaginário. Lacan convoca a perversão ali, e não somente ela, como vamos ver. "Devolver o *a* àquele de quem ele provém, o grande Outro, é a essência da perversão"[12]. Essa é toda a demonstração que ele fez com relação a Sade. E depois, ele passa ao anaclitismo.

O dicionário da língua francesa diz que o termo foi introduzido em 1946 na psicanálise por Spitz e Bowlby, dois psicanalistas de crianças ingleses que descreveram uma depressão anaclítica nas crianças bem pequenas, privadas dos cuidados maternos (presença, carinho, ronronar de palavras e jogos, diz Spitz em *O primeiro ano de vida*[13]). A palavra *anaclino* está presente na *Ilíada* e na *Odisseia*, no sentido de "inclinar para trás" e "voltar-se sobre si mesmo". Lacan, por sua vez, retoma o anaclitismo não a partir da clínica das crianças privadas dos primeiros cuidados, mas a partir da vida amorosa. Ele lembra que Freud descreveu o amor anaclítico, que evoquei como sendo a escolha de objeto por escoramento. Lacan é categórico e muito convincente: "o anaclitismo adquire

---

[12]*Ibid.*
[13]SPITZ, R. A. *O primeiro ano de vida*. São Paulo: Martins Fontes, 1979.

seu status" daquilo que se situa no nível da perversão. O que é, a saber, "um certo funcionamento dito perverso do *a*, pelo qual o status do Outro se certifica de ser coberto, preenchido, mascarado [...]". É um funcionamento do objeto, portanto, "como efeito do simbólico no imaginário, do funcionamento desse imaginário em relação a seja o que for que possa ter a pretensão de representar o Outro durante um tempo, e a mãe pode desempenhar esse papel tão bem quanto qualquer outro — o pai, uma instituição, ou até uma ilha deserta"[14]. Vocês podem ver como a clínica em Lacan não consiste em balbuciar sobre a descrição dos casos, sobre aquilo que o paciente enunciou, mas em circunscrever a estrutura, aquilo que significa a dita dependência. Com essa chave, poderíamos evidentemente jogar uma luz sobre o perfil de um bom número de casais-tipo, uma vez que o anaclitismo é uma relação ordenada pela situação de dependência, com nuances de sentimento ou de ameaça de abandono. Não é difícil de se reconhecer aí o exemplo tão frequente do homem submetido a uma mulher-mãe, da qual ele se queixa, mas à qual está apegado de maneira vital, segundo seus próprios termos, ou os de sua filha histérica com sua fantasia de pai impotente. Ou, pelo contrário, a mulher sujeita à proteção de um homem tutelar, que se queixa de sua dependência, mas vive dela. Pode-se até mesmo seguir Lacan quando ele tenta uma nova leitura da multidão freudiana à luz desse objeto *a*, imaginário

---

[14] LACAN, J. (1968-1969) *O seminário, livro 16: de um Outro ao outro*. Tradução de Vera Ribeiro. Rio de Janeiro: Zahar, 2008, p. 293, aula de 7 de maio de 1969.

restituído ao Outro[15]; ele fala da "identificação com o objeto a", dos sujeitos todos de uma massa que se torna um "olhar unívoco", acrescentado ao 1. Ele evoca também Angelus Silesius, seu *O peregrino querubínico*[16], do qual ele diz que pode ser lido à luz da relação anaclítica, o mais essencial de sua identidade conservando-se apenas pela relação de Deus com o objeto a. Ele vai voltar a isso no *Mais, ainda*, colocando Angelus Silesius do lado do todo fálico, confundindo o seu olhar com o olhar com que Deus o olha.

Outra fobia

É nessa articulação do imaginário e do inconsciente contável que ele convoca novamente a fobia. Além de Hans, ele utiliza um outro exemplo, o da fobia de galinhas, e, para indicar no fim que a fobia é a placa giratória, e não estrutura clínica, uma "placa giratória", a saber, uma configuração estrutural que se encontra na maioria das estruturas clínicas. Como já evoquei nesse caso, mas expliquei muito mal e peço desculpas a vocês. Ressaltei aí o papel do narcisismo no desencadeamento da fobia, mas o que é preciso compreender é em que isso é paradigmático da tese da articulação entre aquilo que Lacan chama de imaginário e o que ele chama de simbólico. Há, por fim, duas partes da tese: a fobia é, como disse, primeiro significante do Outro, é sua eficácia simbólica, e, em seguida, outro aspecto, a fobia ilustra "a conjunção do a

---

[15]*Ibid.*, p. 308, aula de 14 de maio de 1969.
[16]SILESIUS, A. *O peregrino querubínico*. São Paulo: Paulus Editora, 2001.

e da imagem do corpo"[17], portanto, de *a* no imaginário. Noto, contudo, que ele introduz algo novo, o registro do poder, o qual ele retomará mais adiante, para questionar a passagem de *a* ao mais-de-gozar.

Retomo, portanto, o caso. Lacan se expressa nos seguintes termos: antes da fobia, havia todo um jogo, o mesmo termo usado para Hans, entre a mãe e a criança, em que a posição da criança podia se resumir pela seguinte significação: "já que os ovos lhe interessam, seria conveniente eu os pôr para você"[18]. Em outras palavras, ele aspira a fornecer o objeto suposto da mãe, assim como quinze anos atrás ele dizia, com relação a Hans, fornecer o falo. Lacan diz até mesmo que ele aspira a ser sua galinha de luxo, o que seria algo de muito valor narcisicamente. Mas quando o irmão mais velho, mais forte, o agarra, ele diz não. Por quê? Porque a relação narcísica de poder, ressaltem "poder" aí, entrou em jogo. Estamos num capítulo em que Lacan fala de "saber e poder", o Outro, campo do saber, o narcisismo, campo das relações de poder para além somente das miragens da imagem. À imagem do corpo, imagem especial no campo imaginário, objeto da primeira identificação, acrescenta-se o "domínio motor [*maîtrise motrice*] do corpo [...] propriedade essencial na economia libidinal"[19], e com ela, o corpo pode se tornar objeto possuído ou cedido. E eis o comentário de Lacan: com essa experiência de impotência, "é aí que uma virada,

---

[17]LACAN, J. (1968-1969) *O seminário, livro 16: de um Outro ao outro*. Tradução de Vera Ribeiro. Rio de Janeiro: Zahar, 2008, p. 296, aula de 7 de maio de 1969.
[18]*Ibid.*
[19]*Ibid.*, p. 295, aula de 7 de maio de 1969.

não digo uma guinada completa, daquilo que é investido numa certa significação, de um registro para outro, do imaginário para o simbólico. A função precedente, que era imaginária [a galinha de luxo], tropeça. A galinha passa a assumir para ele uma função perfeitamente significante, ou seja, ela lhe dá medo"[20]. Conclusão: "quando o objeto é a própria aposta do sujeito no campo do narcisismo, é nele que se revela a verdadeira função da fobia"[21], função essa que ele formulou desde o começo, em 1956, que é de erigir um significante, e aí ele acrescenta: um no Outro.

Em outras palavras, um significante, a galinha, que funcionava no nível da significação imaginária como um significante que carrega uma significação à qual o sujeito podia se identificar, ser a galinha que bota os ovos para a mãe, esse significante passa para o lado do Outro, um significante com o qual o sujeito não se identifica, que não o representa e que é, daqui por diante, do Outro, o primeiro Um do Outro, do Outro na medida em que é furado, que não está ali na origem, "nascimento do Outro". Estamos habituados com o Outro, lugar prévio, que já está ali, mas a representação significante do sujeito não esteve sempre ali e, quando ela está ali, caminha junto com uma definição outra, diferente do Outro. O que está ali na origem são os significantes de que os pais se utilizam e as significações correlativas. A galinha, o ovo, portanto, já eram significantes, a linguagem estava ali, a criança encontrou nisso uma certa significação, tudo indicava que a mãe tinha um certo interesse pela

---

[20] *Ibid.*, p. 297, aula de 7 de maio de 1969.
[21] *Ibid.*, tradução modificada.

galinha e seus ovos, e a criança se localizou com relação a essa significação. Sobre o esquema R, seria possível colocar o jogo sobre a linha diagonal dupla, i(a)/ i'(a) e M/E. Com o irmão, permanece-se no imaginário, mas muda-se o registro, sai-se do transitivismo das significações, se assim posso dizer, e entra-se na questão da possessão, da aposta narcísica de poder sobre o corpo que aparece e que faz o jogo fracassar, pois a galinha muda de significação, torna-se o significante do poder do outro, aqui o irmão, de sua capacidade de possessão do corpo do sujeito, quando ele lhe diz "você é a galinha, eu sou o galo". Fórmula de forçagem da identidade, *você é*.

É então que a fobia irrompe, e o mesmo significante, a galinha, passa para o lado do simbólico, diz Lacan, isto é, para o lado do Outro; é uma expressão de Lacan "a passagem para o Outro", esse Outro numérico, ela se torna significante, o primeiro significante do Outro, significante ao qual o sujeito não quer se identificar, ele diz não, e aqui por razões narcísicas, mas de que ele precisa para ser representado. Esse significante, reconduzido de certa forma no Outro, constitui o limiar do campo do Outro como lugar dos significantes, mas não quaisquer significantes, aqueles que não representam, mas sem os quais o sujeito não pode ser representado, ao passo que o fogo no rabo o impele a se fazer representar. Galinha, cavalo e *tutti quanti* são também significantes que passaram para o lado do S_2, junto aos quais o sujeito é representado e que, como primeiro 1 contável, engajam a enforma do Outro. Aqui, um parêntese: a fobia é apenas a primeira ocorrência do processo que constitui o Outro, pois, mais geralmente, são os traços, digamos, as marcas, os traços das experiências de gozo, esses Uns que são constitutivos da repetição como experiência de uma perda reiterada. A galinha ou o cavalo são, portanto, justamente os primeiros Uns do Outro, as obras tão desmedidamente avançadas que não são do sujeito, mas junto às quais ele se representa, tanto que eles se tornam sua bússola, orientando seus deslocamentos e condutas. Passa-se, portanto, do sujeito identificado com a primeira significação imaginária da galinha ao primeiro significante do Outro.

A significação ⟶ Galinha/A, cavalo/A

I ⟶ S

Uma questão, então, aparece, a qual não é meu objeto, mas digo algumas palavras a respeito. Lacan pergunta: de onde vem o 1 que representa o sujeito e que não escrevi? Sabe-se de onde vem o 1 no Outro, ele vem do impasse imaginário da relação com o Outro. O do sujeito só aparece retroativamente, "em virtude da eficiência retroativa da repetição"[22]. A repetição é a "repetição de um gozo que um outro traço unário surge *a posteriori*, *nachträglich* [...] no lugar do S_1, do significante como aquilo que representa um sujeito"[23]. É justamente o que Lacan afirmou com relação à repetição, seu traço unário produz a emergência conjunta do objeto *a* e, correlativamente, do $. O que equivale a dizer que o primeiro traço do inconsciente saber sem sujeito precede logicamente o Um do sujeito, ele precede seu representante, embora

[22] *Ibid.*, p. 378, aula de 25 de junho de 1969.
[23] *Ibid.*

eles caminhem juntos, sejam solidários. O sujeito não é representado por um significante sem outro significante junto ao qual ele é representado: um pé dentro e um pé fora, assim como o mestre não pode ser separado do escravo, pois se este último desaparece, não há mais mestre, ao passo que a recíproca não é verdadeira: se o mestre desaparece, o escravo, por sua vez, permanece escravo, prova a história, diz Lacan.

Concluo sobre a fobia tomada nessas elaborações lógicas de 1969. Há dois desdobramentos: um sobre o eixo do simbólico e o outro, do imaginário.

Sobre o eixo simbólico, reduzido daí por diante ao numerável, a produção de um significante por meio da fobia, colocada desde o começo, é novamente concebida como produção de um significante do Outro, "obra tão desmedidamente avançada", que conduz Lacan a elaborar a lógica desse Outro, isto é, do inconsciente como "saber sem sujeito", *em-fôrma* do Outro e, portanto, do pequeno *a*, esse *a* logicamente produzido pelos Uns do saber.

Sobre o eixo imaginário, uma vez que Lacan conserva a ideia dos efeitos do simbólico sobre o imaginário, a fobia atesta, exemplifica a aparição do objeto no imaginário, especificamente com relação à imagem do próprio corpo. Não nos esqueçamos de que o lugar do Outro é o corpo e que a lógica do Outro, com seus traços unários, opera no corpo que ela esvazia de seu gozo. Mas esse corpo, devido à sua motricidade, entra no registro do poder, em que ele próprio pode funcionar como objeto a ser possuído ou cedido. Isso é diferente de simplesmente se espelhar na falta fálica do Outro.

Resta ainda uma outra questão, a da articulação do Outro, desse Outro em que se inscreve automaticamente o par do traço unário e do *um a mais* com o gozo. Lacan evoca a *nulabilidade* do gozo — a *nulabilidade* é a qualidade daquilo que não está em parte alguma, segundo o bispo [inglês John] Wilkins. Um parêntese aqui sobre o significante fálico, o qual já evoquei: trata-se do significante faltoso, "o falo é o significante fora do sistema e, em síntese, o significante convencional para designar o que é radicalmente foracluído". "Não é o sujeito que ele representa, e sim, digamos, o gozo como externo ao sistema, ou seja, absoluto"[24]. Como, então, o objeto *a* produzido pelo saber no Outro, como esse objeto que falta, causa do desejo, chega a se positivar em mais-de-gozar? Resposta: é preciso corpo, não necessariamente o do sujeito, mas o do outro. Prova disso é o Mestre, para quem o mais-de-gozar passa pela disposição do corpo do outro, sem maiúscula, o escravo. Disposição mais visível nos astecas, ou, segundo Lévi-Strauss, tirava-se o *a* do peito das vítimas, não menos legível, segundo Lacan, quando Caim mata Abel oferecendo a Deus o sacrifício do sacrificador que era Abel, cujos sacrifícios agradavam tanto a Deus. Encontra-se aí o registro do poder ilustrado com o caso da fobia da galinha, e Lacan evoca, na sequência, o *habeas corpus* da lei inglesa. Desdobramentos que anunciam também as teses da segunda conferência sobre Joyce.

DISCUSSÃO

Pergunta: Qual a relação entre fobia e fantasia? A fobia é o reverso da fantasia?

---

[24]*Ibid.*, p. 311, aula de 14 de maio de 1969.

C.S.: Posso, de antemão, apontar que há fantasia em todos os sujeitos, mas não há fobia em todos. O que as aproxima é que a fantasia é uma interpretação imaginária com relação ao objeto do querer obscuro do Outro, que só pode ser chamado de real, como faz Lacan em *A lógica da fantasia*, em razão de sua constância, e que a fobia faz aparecer o objeto no imaginário. Quando se pensa no cavalo de Hans, não se está longe do sujeito que pensa que o Outro é voraz, que nada faz além de comer ou expelir. É o objeto no imaginário da fobia que se encontra na fantasia.

Insisti no anaclitismo, pois é uma estratégia subjetiva. Trata-se de uma forma de se colocar naquilo que a estrutura impõe ao sujeito, a saber, ser confrontado com um Outro que é furado. Lacan tenta situar logicamente aquilo que fura o Outro, como se produz esse furo, mas, antes dessas referências lógicas, a fórmula para o A barrado era o *Che vuoi?*, indicando um Outro de que não se sabe o que ele quer. Diante desse Outro, o sujeito pode ter uma estratégia, e a fobia não é uma estratégia, é isso o que Lacan quer dizer ao afirmar que "não é uma estrutura clínica". Uma neurose é uma estratégia, a perversão também, e Lacan dá a fórmula da essência da estratégia perversa: tamponar o Outro com um objeto imaginário. É muito condensado como fórmula e muito eficaz quando se confronta isso com os dados clínicos que encontramos. A fobia é eficácia do sujeito, mas não é a opção de uma estrutura, de uma estratégia clínica.

Pergunta: Seria a fobia uma posição de recusa não estratégica de ser tomado numa posição perversa de objeto do Outro?

C. S.: É uma forma de sair do impasse da relação anaclítica de partida. O joguinho de Hans, que se ilumina com a posição perversa, decerto, não é, contudo, um jogo perverso. Nem todas as crianças pequenas que procuram, que se identificam com a suposta falta da mãe são pequenos perversos. Lacan esclarece esse processo por meio de uma comparação com aquilo que faz o sujeito perverso. Trata-se da relação imaginária que é quase imposta à criança por sua necessidade, sua demanda de amor, de proteção etc., e é o topar com essa relação que a faz sair dali. Estamos no limiar do processo que permite ao sujeito se deduzir no campo do Outro. Lacan diz que "o sujeito deve se contar no campo do Outro e, ao mesmo tempo, se deduzir, ali parecer ter falta", sair disso, portanto, e além isso, ele permanece com um pé dentro e um pé fora. Com a fobia, primeiro significante no Outro, primeiro 1 no Outro, o sujeito saiu, e em seguida poderemos dizer qual é esse significante que o representa junto ao S_2. Não se trata, ainda, de opção de uma estrutura clínica.

(Retorno sobre a questão do traço unário).

C.S.: Esse é o problema do uso do termo traço unário. Falei sobre os dois primeiros usos em Lacan. Inicialmente, traço de identificação que une, que implica uma relação com o Outro, e, em seguida, traço único, que indexa uma experiência de gozo, traumática, e pode ser qualquer coisa, como diz Lacan, não necessariamente uma palavra, um barulho, uma luz, um elemento, basta que ele seja discreto, isolável, único, como marca de um real, seja ele qual for, e sem o Outro. Em *De um*

Outro ao outro, há uma outra variação considerável, aliás: ele chama de lugar do Outro o lugar desses traços. Não é mais o Outro da fala materna, mas o lugar do inconsciente, na medida em que ele afeta o corpo, tal como Lacan evoca em 1973 em "Introdução à edição alemã dos *Escritos*": o saber inconsciente não afeta o sujeito, nem a alma, mas seu corpo, o gozo do corpo. O 1 e o conjunto vazio, portanto, estão no corpo, lugar do Outro.

Pergunta: Se a mãe tivesse brincado com a criança das galinhas, e não seu irmão mais velho, será que isso teria mudado algo...?

C. S.: Você está me convidando a fazer ficção clínica? Noto que o irmão não é um simples semelhante, ele é maior e mais forte, é um irmão mais velho. É possível imaginar, contudo, mas não responder, e felizmente, pois não se pode induzir o que procede da posição do próprio sujeito. O sujeito diz "não" ao irmão maior; um outro garotinho poderia ter dito "sim", e talvez não houvesse fobia. Ele, por sua vez, diz não, pois sem dúvida tinha uma base, uma afirmação narcísica do ser possuído, de se fazer possuir. Observe que, com sua mãe, ele não era o possuído, era ele que se oferecia, e não se tratava do mesmo gozo que está em jogo com o irmão.

DEZ

18 de maio de 2016

Vou passar às elaborações de 1975 sobre a fobia, mas antes terminarei minha explanação anterior. Como é possível "ir mais adiante" dos limites "da eficácia da fobia"? Em outras palavras, como um sujeito pode se desprender da falácia de um Outro-sujeito suposto saber? Esta é a própria questão daquilo que pode obter o ato analítico, uma vez que Lacan somente se refere à lógica dos conjuntos para esclarecer aquilo que se produz na própria análise, para um sujeito que ignora tudo dessa lógica, mas que nem por isso está menos submetido a ela.

Ir mais adiante

Ele precisa isso na p. 337 do seminário *De um Outro ao outro*: "A análise é [...] uma situação que se apoia apenas na estrutura [...] nada pode ser enunciado, como discurso do analista, que não seja da ordem de que a estrutura comanda". Ora, a transferência que estrutura o laço analítico é relação com o Outro, tomado como sujeito suposto saber, lugar, portanto, onde "o saber se articula, ilusoriamente, como Um", entendamos aí, saber ilusoriamente unificado. Quanto ao ato, ele é incitação a saber; o que acontece, então, quando se interroga "o funcionamento de quem procura saber"? Lacan nota isso, ele é necessário quando se interroga quem procura saber a verdade, "que tudo o que se articula seja articulado em termos de repetição". Portanto, tudo o que se articula vai reiterar essa estrutura que se escreve (1, a), desenvolvendo-a, de certa forma, 1(1(1(1(1.a), com esse *a* que é o efeito da perda inerente à repetição dos 1 e que, com efeito, perpetua o encontro faltoso com tudo o que poderia tamponar a hiância. A expressão eloquente para dizer isso é par da marca e da perda, a marca e a perda que caminham juntas e, acrescento, que nada demandam ao Nome-do-Pai. É justamente por isso que Lacan pode dizer que S_1 e S_2, S e *a* se aplicam à psicose.

A marca, Lacan também diz o traço, de uma experiência (experiência solitária de corpo, ou de encontro com um outro ou outros corpos) difere tanto do significante quanto do signo. O signo é para alguém [*quelqu'un*], a marca é o traço de uma experiência que não supõe nenhum alguém [*quelqu'un*]. Ela pode, contudo, se transformar em significante, quando o sujeito a apaga, mas então ser-lhe-á preciso um outro significante qualquer, segundo o matema da transferência, mas que o psicanalista substitui, cito Lacan, "para aí fazer o papel de alguém"[1].

Não nos esqueçamos aqui de que os 1 do inconsciente, que se articulam no fluxo da fala do analisante, por proceder de uma estrutura puramente lógica, não dizem menos respeito ao gozo. O lugar do Outro é o corpo, disse Lacan em "Radiofonia". Com efeito, é o corpo que inscreve os

---

[1] LACAN, J. *Scilicet 2/3*. Paris: Seuil, 1970, p. 80.

traços unários da repetição, com o efeito correlativo do esvaziamento e da perda. "Deserto do gozo", diz na p. 357, em "Da psicanálise em suas relações com a realidade".

"O enforme do Outro" é o objeto *a*, gerado por e na estrutura lógica do Outro, mas ele se inscreve no corpo, corpo ao mesmo tempo esvaziado de gozo e, aliás, se prestando ao mais-de-gozar. O formal se aloja, ao mesmo tempo, na forma imaginária e naquilo que vou chamar de informe do gozar, em que o formal fabrica o Unforme [*Unforme*] do gozar.

Por fim, o que se passa, então, no dispositivo analítico, com a articulação da verdade como repetição? Aí o analista está investido como o objeto da transferência, como agalma do sujeito suposto saber, e essa é uma condição necessária. A fobia é propícia a isso. É a esse título de sujeito suposto saber que o analista causa no início a fala analisante, a qual visa a... obter. É isso que implica a ideia de que toda a fala do analisante carrega apenas um dizer, o da demanda visando ao objeto, esse objeto de que Sócrates, como sujeito suposto saber, como diz Lacan de forma imagética, é o "recipiente ingrato". E é por meio da interpretação da demanda, "O aturdito" é categórico sobre esse ponto, que a trajetória de uma análise vai do objeto agalmático ao objeto finalmente reduzido a um rebotalho, destacado do subjetivo e destinado a ser ejetado, evacuado, como rebotalho do dispositivo. Resta, de tudo o que se articulou, o saber sem sujeito, estranho à subjetividade, mas não ao corpo de gozo do ser que fala. O inconsciente sabe, ele é lugar de saber, mas não é sujeito, ele é corpo. Lembro a vocês esses desdobramentos, que não são propriamente meu objeto deste ano, mas apenas para ressaltar que somente a análise terminada pode ir mais longe do que a eficácia da fobia.

O gozar e o inconsciente

Debrucei-me, então, nos últimos desenvolvimentos de Lacan com relação à fobia. É na conferência de Genebra que estão os novos desenvolvimentos relativos a isso. No início do ano, comentei essa conferência em meu seminário de leitura de texto, mas, na verdade, deixei de lado uma frase que não havia conseguido elucidar e que precede justamente uma nova evocação do caso Hans. Trago-a para vocês logo de cara hoje. Ela diz: "O inconsciente foi Freud que inventou. O inconsciente é uma invenção no sentido em que é uma descoberta, a qual está ligada com o encontro que certos seres fazem com sua própria ereção". Passo à indicação dada aqui sobre a relação entre invenção e descoberta, a saber, que a invenção, a do inconsciente, que antes de Freud não existia e que sem Freud não existiria, essa invenção que se sustenta por uma descoberta, isto é, por algo que não é inventado e que se manifesta sem a participação do sujeito, a saber, a ereção do órgão. Um acontecimento de corpo, portanto, um primeiro gozar que se impõe, que se "encontra" segundo o termo de Lacan. Lacan afirma que a ideia freudiana de um inconsciente decifrável em termos de linguagem, de significantes e de representações, que esse inconsciente inventado por Freud, ilustrado e, além disso, colocado em ato em sua prática desde *A interpretação dos sonhos* provinha de um advento de real que é esse primeiro gozar da ereção. Qual a relação entre esse primeiro gozar e o inconsciente freudiano? É a fobia como formação espontânea e, ademais, quase geral na primeira infância que nos indica — uma vez que, a partir desse primeiro real, ela fabrica significante, um primeiro significante que não representa o sujeito — que está no Outro e que é do Outro, um primeiro 1 ao qual outros 1 numeráveis virão se juntar. O limiar do legível e da decifração mostra-se solidário ao acontecimento da ereção.

Um primeiro gozar. Fala-se muito das histéricas de Freud, não sem razão, decerto, mas lembro que, muito cedo, Freud parte de um exemplo de fobia, não a de Hans, mas a de Emma, a pequena fóbica das lojas, que sugeriu a ele seu *proton pseudos*, a primeira mentira do significante quando o sujeito encontra o quê? Uma realidade sexual. No caso de Emma, não é o encontro com a ereção, é o encontro com a excitação de uma perturbação sexual por ocasião de um miniabuso que se engendra o significante do sintoma. Não são os gestos deslocados que traumatizam, mas o encontro dessa perturbação que faz efração na homeostase do corpo. Em *De um Outro ao outro*, Lacan insiste muito no fato de que o saber inconsciente está no nível do gozo, ele provém dele, se inscreve ali. Apreende-se isso perfeitamente nesses primeiros pequenos exemplos, dos quais poderíamos dizer que se trata de um pequeno gozar, pouco espetacular, não daquele que se poderia colocar nas telas da obscenidade moderna, mas que é, todavia, traumático e faz acontecimento, na medida em que escapa ao comando do pequeno sujeito, o que Lacan indica quando diz que ele não é autoerótico, mas heterocorporal.

Aqui uma questão: o que justifica falar de um primeiro gozo, se as pulsões já estão ali nesse período do complexo de castração? Pois bem, é o primeiro que se refere à diferença dos sexos, o que não é o caso das pulsões parciais, ele aparece mais tarde, diz Lacan, com efeito, depois das pulsões, mas ele é o primeiro com relação à diferença dos sexos. Esse pequeno sujeito passou, em geral, os quatro ou cinco anos de sua vida adquirindo aquilo que se pedia que ele adquirisse: o domínio de suas funções corporais, o que supõe o esvaziamento do gozo e, principalmente, a coordenação motora. E eis que, subitamente, aparece um gozo que não obedece à demanda, que é sempre demanda do Outro. Pode ele, então, obedecer a seu desejo? Esta é a primeira questão que Lacan se colocou e, em boa lógica, notemos, para situar a fobia, ele questiona, em 1957, o desejo do Outro. A urgência, em todo caso, é para o pequeno sujeito: o que fazer com isso? Pois bem, Hans faz disso um cavalo, ou seja, um significante, e cabe a Lacan comentar por fim um "cavalo que relincha, que dá coices, que salta, que cai no chão. Esse cavalo que vai e vem, que tem certo modo de deslizar ao longo dos trilhos, arrastando sua charrete, é o que há de mais exemplar para ele daquilo que tem que enfrentar [...]"[2], e aquilo que ele tem que enfrentar está na base de seu ventre. O cavalo aqui, portanto, estamos em 1975, não é um significante que metaforiza o Outro materno como ele, de início, postulou, fazendo disso um substituto da metáfora paterna; ele é o primeiro significante daquilo que não é sujeito, primeiro significante da "outra cena", na qual existem significantes que não representam o sujeito. Ele também

[2] LACAN, J. Conférence à Genève sur le symptôme. In: *Bloc-Notes de la psychanalyse*, n. 5, 1985, p. 14.

não representa o Outro primordial, o que Lacan chamava de "homela" em 1969, a mãe fálica; esse é o primeiro significante do gozo de corpo correlato ao sexo.

A significação do falo revisada

O importante é captar a diferença entre aquilo que ele chama de coalescência e a simbolização. A simbolização que ele nos ensinou a amar e com a qual estamos bem habituados. Tão habituados que poderíamos pensar que o cavalo poderia ser uma metáfora primária do gozo, fazendo vir aí um significante onde havia algo do real substancial? Isso estaria em sintonia com a tese de 1969, da fobia vigilante do inconsciente, pois ela faz passar o real desse primeiro gozo ao inconsciente, isto é, ao significante, e isso poderia ser escrito assim, como uma metáfora:

$$\frac{Cavalo}{J.}$$

Entretanto, aos olhos desse último momento de elaboração sobre a qual comento hoje, vê-se que não é isso; ele é o primeiro exemplo daquilo que chama de "a coalescência da realidade sexual e da linguagem", e coalescência não é metáfora, isto é, uma substituição de um elemento por outro. O termo coalescência aplica-se a todos os processos em que de dois elementos separados faz-se apenas um. Não há coalescência dos sexos, mas coalescência das duas bordas de uma ferida na cicatrização, coalescência quando um sólido se dissolve em um líquido e, no nível linguístico, coalescência de dois fonemas quando eles acabam por constituir apenas um. O sujeito é sempre um pouco dos dois, diz Lacan, mas ele chega a dizer que um ser falante, que tem um corpo, isto é Um.

Quando se lê "coalescência da realidade sexual e da linguagem", lembramo-nos de que Lacan já havia evocado a realidade sexual do inconsciente em 1964, no seminário 11. Entretanto, aparentemente essa não é a mesma realidade sexual, pois naquela época era a das pulsões, e Lacan acrescentava "verdade insustentável"[3] — sem dúvida justamente porque elas não estabelecem relação sexual. Mas, a propósito da coalescência, trata-se de uma outra realidade sexual que ele evoca, não a das pulsões, a do gozo fálico, que ele vai escrever J(Ø) no nó borromeano. Aquele gozo que vai junto com uma *Bedeutung* revisada do falo e, explicitamente, no parágrafo que segue à afirmação da coalescência do significante e da realidade sexual. Essa *Bedeutung*, depois do seminário *As psicoses* até "A significação do falo", e depois nos textos da mesma época, ele a abordou como um enodamento do simbólico e do imaginário, definindo-a como um efeito do significante no significado, inscrevendo no coração da significação imaginária o sentido de uma falta. O "do" em "do falo" é um genitivo completo: no sentido subjetivo, ele indica que o significante fálico carrega o sentido da falta que aparece no imaginário da significação — grande tese ligada à metáfora paterna; no sentido objetivo, é toda significação, seja ela qual for, que signifique o falo, em razão da estrutura da remissão [*renvoi*] da significação, sempre em falta de uma outra à qual ele remete. Essa era a primeira tese. Aqui, em 1975, então, uma revisão explícita.

---

[3]LACAN, J. (1964) *O seminário, livro 11: os quatro conceitos fundamentais da psicanálise*. Tradução de M. D. Magno. Rio de Janeiro: Zahar, 1988, p. 143, aula de 29 de abril de 1964.

Bedeutung é diferente de *Sinn*, do efeito de sentido — em outras palavras, diferente daquilo que ele havia dito sobre isso até então —, cito a Conferência em Genebra: "*Bedeutung* é diferente de *Sinn*, do efeito de sentido, e designa a relação com o real". Que real? Ele precisa isso: não o da divisão entre psiquê e corpo, entre pensamento e corpo, isso é apenas "psicologia capenga", que crê que o homem é duplo: trata-se do real e do Um. O real do fato de esse dito ser "se jouis" [se goza][4]. Ele escreve *jouis* com um *s*. Sem sabermos se se trata de um erro de digitação ou de um jogo de Lacan, no esteio daquilo que ele o faz em outro lugar com seu "*je pense se jouie*" [eu penso se goza] para dizer que é um Eu que goza de si mesmo, e não de Outro corpo, pois, ele diz isso nas linhas que seguem, não há relação instintiva entre os sexos. Isso constitui, portanto, duas definições de real, a do gozo do Um que se goza e a da relação impossível de ser escrita; elas são solidárias, uma vez que o impossível da relação é consequência do Um do gozo.

Então, a fobia, de início pensada como produção do significante a partir do gozar, sendo os dois heterogêneos, passa a ser pensada como coalescência do significante e do gozar. Pode-se acrescentar o gozar que por vezes assusta mais tarde, ou seja, quando a diferença dos sexos entra em jogo. É o mesmo que dizer que, com ela, o gozar primeiro, que faz efração, não é recalcado no efeito de metáfora, ele não passa ao nível do sentido, do *Sinn*, é isso

---

[4]Nota da tradutora: Em francês, a terceira pessoa do singular do verbo "jouir" deve ser grafada com "t" (*il se jouit*). A autora, na sequência, desdobra os efeitos que essa alteração ortográfica ocasiona.

o recalque metafórico, ele é deslocado sobre esse objeto significante que é o cavalo e que se torna, assim, objeto de gozo, um cavalo gozado, com o gozo que Lacan diz não poder ser negativizado e que ele escreve com a maiúscula grande Φ. É daí que vem o componente bem perceptível de captação fascinada que acompanha o medo em todas as fobias. Uma fobia é a colocação em forma de um gozo real que de início foi recusado. Poderíamos mesmo dizer mais, por antecipação, sobre o nó borromeano: o gozo é colocado em forma de nó, gozo de um Um nodal. Com efeito, ele enoda o significante cavalo — pelo simbólico — e as representações da dentada, queda e deslocamento que ele comporta — pelo imaginário — com o gozar heterocorporal, e hétero quer dizer fora de comando.

Uma transferência de gozo

O sujeito disse não a um gozo. Essa é a expressão que Lacan usa no caso de Hélène Deutsch e também no de Hans, há aí "o cagaço" [*la trouille*], a mesma coisa no caso da pequena Emma, de Freud. Portanto, o sujeito disse não. Mas e a invenção da fobia, o que ela própria diz? Ela diz um pouco outra coisa: "não, mas sim, ainda assim". Da recusa primeira, a fobia guarda o medo, mas seu sim implícito se manifesta por meio da fascinação que acompanha esse medo. Sim, ainda assim, mas em outro lugar e diferentemente, não em meu corpo, mas no cavalo. Está aqui o processo do deslocamento, que opera para o primeiro gozar traumático, não o da substituição metafórica de significante, é menos uma simbolização do primeiro gozar, que não tinha significante senão um deslocamento. Aliás, é por isso que, a partir da fobia, Lacan foi induzido a passar tão frequentemente a considerações sobre o fetiche, que, por sua vez, claramente se constrói por simples deslocamento, enquanto que a fobia acrescenta a isso a invenção de um significante e desloca aí o gozo. Pouco depois de *De um Outro ao outro*, Lacan redige "Radiofonia", no qual dá uma nova definição de metonímia, até então definida como deslocamento da falta, em que se lia, portanto, sentido do desejo ou, se preferirem, o $(-\varphi)$ da castração. Ela é redefinida como "metabolismo do gozo", lugar onde o gozo passa ao inconsciente, ou seja, ao significante. A expressão "fazer passar o gozo ao inconsciente" comporta uma ambiguidade que faço questão de ressaltar: ao passar ao significante, o gozo se encontra reduzido? É isso que deixaria supor a ideia anterior das relações entre simbólico e real. Mas uma ideia anterior é um preconceito teórico, no sentido forte do termo, de algo já julgado. A ideia anterior transmitida por Lacan dizia respeito à heterogeneidade entre o simbólico, a linguagem, por um lado, e o gozo vivo, por outro. Guardou-se a ideia de que, com efeito, um gozo que passa ao significante é um gozo mortificado, transformado, que se dobra à estrutura descontínua do significante que o fragmenta, despedaça, numa palavra: um gozo castrado. Foi isso que Lacan estabeleceu ao lançar a fórmula "o gozo está vedado a quem fala como tal"[5], em "Subversão do sujeito e dialética do desejo", e não se duvida, com efeito, de que apenas restam, pela operação do significante, as pulsões parciais para compensar o $(-\varphi)$ do efeito da castração — que não é um mito, mas um efeito de linguagem.

---

[5]LACAN, J. Subversão do sujeito e dialética do desejo. In: *Escritos*. Rio de Janeiro: Zahar, 1998, p. 836.

Pois bem, Lacan, fiel a si próprio, dá um passo suplementar em *Mais, ainda*, destroçando, em parte, seu próprio pré-conceito: por meio da operação do deslocamento, o significante se goza; não há somente negativização do gozo, mas transferência de gozo, e ele pode dizer que o gozo está na cifração, que a própria cifra se transforma em objeto gozado, independentemente do sentido.

Façamos uma aplicação ao caso do Homem dos ratos. Vai-se dizer que os termos da série decifrada por Freud — o rato, o dinheiro, o excremento, a criança, o falo, todos esses termos —, longe de designarem apenas o gozo como um referente diferente deles mesmos, eles são gozos. Qual gozo? Todos esses elementos de linguagem são solidários de representações, e todos eles têm um sentido, se integram ao discurso que Freud desenvolve. Por isso, poderíamos evocar para eles o gozo-sentido [*joui-sens*], escrito em duas palavras, que se situa entre imaginário e simbólico. Entretanto, seguindo aquilo que Lacan postulou em *De um Outro ao outro*, o simbólico é numérico. Não se deve esquecer de que cada um desses significantes, independentemente de seu sentido, é 1, a ser escrito da seguinte forma:

<u>Rato (gozo-sentido [*joui-sens*])</u>
1   Este 1 se goza enquanto 1, é isso o gozo da cifra, heterogêneo ao gozo-sentido [*joui-sens*], embora eles possam se enodar.

Lacan coloca esse gozo da cifra todo no registro do gozo fálico. Quer dizer que esse gozo fálico — aquele que o gozo do órgão ilustra eminentemente — designa mais amplamente o gozo do 1, da cifra, que é o único que pode inscrever uma pura diferença. A tomada das palavras sobre o corpo decerto toca tanto o corpo da imagem quanto da substância gozo, mas, em todos os casos, o 1 que se repete é sua constante, com seu correlato do objeto *a*. Portanto, a primeira tese, que dizia que o saber inconsciente se constitui a partir do campo do gozo, prova pela fobia que é o passo de entrada, como eu disse, deve ser completada por uma outra: o saber inconsciente, feito de significantes, se goza, coalescência, portanto. O cavalo é um Um de gozo fálico. Ele é não porque provém do primeiro gozo do órgão, que, em si mesmo, não é mais fálico que um outro órgão, mas porque ele é um 1, e o rato do Homem dos ratos não é menos um Um de gozo — que se pode dizer fálico — do que o cavalo de Hans. Daí se compreende que o que se chama de gozo fálico seja coextensivo ao uso da linguagem, longe de ficar reservado aos sujeitos que dizemos, às vezes, edipianos, e temos a prova disso com Joyce.

Por que foram precisos esses três tempos para Lacan — 1956, 1969 e 1975 — para pensar e repensar esse fenômeno clínico bem conhecido, a fobia? Apreendemos aí, por meio de um exemplo do próprio Lacan, que a clínica não é a descrição dos fenômenos; a clínica consiste em, a partir deles, construir, ou ao menos perceber, a estrutura. Parece que Lacan tenha tido de início a ideia de uma relação entre a fobia e o inconsciente. Mas no começo, e começo para Lacan é freudiano, a dimensão do inconsciente supõe o pai. Essa implicação é uma constante freudiana, é a ele que Freud imputa a limitação de gozo, digamos a castração, de onde se engendra o desejo inconsciente. Isso é o que é próprio do ser falante, decerto, mas Freud o imputa ao pai, o do mito e do Édipo. Lacan parte daí, daquilo que Freud já propôs, pois não se pensa a partir de nada, só o sintoma fabrica significante *ex nihilo*, e, portanto, Lacan entra na questão com a ideia de um inconsciente-desejo não sem o pai. Ora, ele percebe que a fobia sustenta algo, que ela é necessária para o sujeito confrontado com esta novidade substancial, real, do órgão, e ele busca, portanto, sua função do lado da função do pai. Depois, à medida que ele elabora a estrutura da linguagem, com a distinção dos significantes que representam o sujeito e os outros, ele se distancia da conceituação freudiana e se abstém do pai, em prol de um inconsciente que é, por fim, "saber sem sujeito", em outras palavras, significantes que não representam o sujeito, embora eles lhes digam respeito, pois "afetam" seu corpo, significantes que, por causa da estrutura descontínua do numérico, finalmente — e este é o passo de *Mais, ainda* —, se gozam igualmente de 1.

DISCUSSÃO

Pergunta: O que acontece com a noção de sujeito que estava no centro das elaborações de Lacan?

C. S.: Não é o sujeito que se goza. Lacan jamais erradicou a palavra *sujeito*, mesmo no final do seminário *Mais, ainda*, no momento em que ele apresenta sua hipótese, a saber, o inconsciente como tomada da linguagem sobre o corpo, ele evoca o sujeito, que tem um inconsciente e um corpo, o corpo não é o seu inconsciente. E isso caminha lado a lado com o fato de ele não ter grande coisa a fazer com o gozo, mas ele o encontra. Consequentemente, isso desloca a focalização da psicanálise, pois o sujeito representado é um ser cujo ser está sempre em outra parte, isto é, em outros significantes, outras significações, e cuja verdade é meio-dita. Não há meio de se estofar a verdade por meio da verdade. Por outro lado, o foco da psicanálise e da interpretação é o gozo do inconsciente. É isso que é visado, e quando falei de uma psicanálise orientada em direção ao real, isso estava ligado a tais desenvolvimentos.

Quando Lacan diz *falasser* [*parlêtre*] — cometemos um erro se imaginarmos que o *falasser* define o indivíduo falante —, na verdade, *falasser* é um outro nome do inconsciente, como ele diz. Mas isso não é a totalidade do indivíduo. De fato, a fala está dos dois lados, do lado do sujeito e do lado do inconsciente encarnado, dado que ele fala "com o seu corpo".

Quanto à ereção, pode-se colocar a questão de sua relação com o sujeito, pois sabe-se bem que um bebê de seis meses tem ereções. Isso não é um acontecimento de gozo, faz parte da homeostase do corpo, do autoerotismo. Quando Freud propõe a noção de autoerotismo, Lacan contesta; diz que o gozo não é autoerótico, mas porque Lacan fala do gozo fálico. Há de fato um gozo autoerótico, que é um gozo agradável. É um gozo que não é apenas o gozo da pulsão, mas o gozo da vida. Em "A terceira", Lacan fala do gozo da vida, que é um gozo do corpo, que não é gozo fálico, nem gozo das pulsões. A ereção, acontecimento da vida, apenas se torna um acontecimento do sujeito quando sai do autoerotismo e o órgão começa a adquirir uma significação particular, onde se encontra o efeito do discurso do Outro. Acontece algo parecido do lado da menina. Quando Freud diz "ela o viu, ela o quer", é o gongo que cai. Hoje, sabe-se que a descoberta está ali desde sempre, ela não espera o complexo de castração, mas quando podemos explorá-la, há sempre um momento preciso em que isso adquiriu seu peso, sua força, e é justamente o momento em que as fobias se produzem, por coalescência do real e do Um simbólico.

É difícil aplicar essa coalescência; seriam necessários vinte anos, os mesmos que foram necessários para fazer entrar no uso as primeiras concepções, os primeiros desenvolvimentos de Lacan? Entretanto, ele deu muitos índices. Quando ele diz "aí eu estou na tribuna, eu falo, eu não estou transando, mas é a mesma coisa"... coalescência. Ele dá outras indicações que mostram que tudo deve ser revisto, a duração das análises...

Pergunta: A senhora diz: a ereção está entre o simbólico e o real. Acho isso estranho, deixar o corpo de lado, a volta do imaginário.

C.S.: Com efeito, o corpo é o imaginário. O corpo é, de início, a forma. É por meio da imagem que o corpo se introduz na economia do gozo, mas ela não é o imaginário. Isso indica que a economia do gozo está fora do corpo. É por isso que Lacan contesta o autoerotismo. O gozo fálico está fora do corpo. É isso que justifica que eu diga que, quando a ereção adquire seu peso de gozo fálico, ela está fora do corpo. Lacan desenvolve isso nas discussões depois da conferência, ele evoca Mishima, que conta que teve sua primeira ejaculação memorável contemplando o quadro do martírio de São Sebastião. Lacan diz: foi preciso que isso acontecesse fora da tela imaginária para tocá-lo a esse ponto.

Tem-se aí uma dificuldade: o corpo imaginário, a forma do corpo, e a economia do gozo, que não é una. O gozo do sentido está ligado ao corpo imaginário, mas quando Lacan diz em "A terceira" que um corpo goza da vida, isso é novo, pois a vida não é imaginário.

(Pergunta inaudível)

C.S.: Será que se poderia considerar que o cavalo nomeia o gozo? O fato de nomear algo, de dar um nome a algo, a uma experiência, é enodar um real — o gozo, por exemplo — com o nome que procede mesmo da linguagem. Mas será que o nome é do simbólico? Esta questão não está resolvida. Não fica excluído dizer que o cavalo, o rato, são nomes desse gozo.

Mas se tomarmos esse caminho, permanecemos no segundo tempo da elaboração de Lacan, a saber, a heterogeneidade entre aquilo que procede da linguagem e aquilo que procede do real. Colocar um nome no real não reduz a heterogeneidade, enoda.

Quando Lacan diz coalescência, isso é o fim da heterogeneidade, quando diz "o saber se goza", "o gozo de seu exercício é o mesmo que o de sua aquisição"... A ideia do simbólico que se goza, do significante que se goza, do ser que se goza é uma outra tese, diferente da ideia de que, quando o gozo se conecta com o significante, ele é perda de gozo. E, portanto, estamos no "Há do Um" [*Y'a de l'Un*]. A partir do momento em que ele propôs essa tese, até quando ele vai dizer "cada um é uma unaridade", e isso está a léguas do sujeito dividido, somos unaridades autogozadas, é preciso ver como isso não exclui a repetição, que opera na junção do sujeito com o objeto. Na psicanálise, em que se está num processo que desdobra a fala no tempo, há um trajeto, há uma demanda... portanto, isso nos faria voltar ao sujeito da demanda.

ONZE

25 de maio de 2016

Resta a seguinte questão em relação à fobia: de onde vem a recusa, o não do sujeito que está na origem da fobia, na diacronia da infância, de um primeiro gozar quando ele se produz, recusa que não se dá em todos os casos, mas que é bem frequente? A questão tem sua importância, pois na clínica essa recusa se estende além da fase do complexo de castração. Lacan notava isso: não se pode querer não desejar, pois isso já é um desejo, pode-se querer não gozar. Por quê? Por que se pode recusar o gozo, quando se imagina que ele é desejável, e que isso talvez seja até mesmo a única coisa desejável?

Saber e poder

Vejamos se uma luz pode surgir do contexto do desencadeamento das fobias — porque, fato notável, utiliza-se eletivamente para a fobia o mesmo termo – desencadeamento — que para a psicose, e ele é mais forte do que o do aparecimento do sintoma. Em todo caso, trata-se do contexto de um momento em que é possível qualificar como primeira vez, primeira ereção, primeira experiência de ser possuído corporalmente, primeira perturbação, em Emma, primeira visão da mãe diminuída. Um acontecimento, portanto, no sentido de algo inesperado. O inesperado se refere necessariamente a um contexto subjetivo, ele é relativo a um contexto de discurso que desempenha seu papel. Na "Conferência de Genebra", aliás, Lacan lembra isso ainda com relação a Hans, ele tem aí o pavor [*trouille*] de sua ereção, em virtude de ter tido tal tipo de mãe e de pai. O mesmo ocorre no caso da fobia das galinhas, o inesperado, no fundo, é a chegada do galo. Até então, o episódio do galo havia sido elidido, tudo se passava entre as poedeiras, as galinhas, a mãe que pôs seu filho, e a criança-galinha de luxo. Quando chega o galo, o não do pequeno sujeito é um sobressalto narcísico, ele queria ser a galinha que bota ovos, não a galinha sexualmente possuída. Para Emma, que, aliás, é maior, nada se sabe do contexto. Em todos os casos, os três que evoquei, a disparidade sexual homem/mulher é convocada, como disse, é o primeiro gozar sexual, e, forçosamente, com ele, a maneira como o discurso no qual o sujeito se banha situa essa disparidade. A relação de poder não deixa nunca de estar aí implicada, e é evidente que, em todos os casos, aliás, já desenvolvi isso em outro lugar, Lacan define o gozo fálico como aquele que se representa como poder. Para Hans, Lacan postula que a disparidade do poder no casal parental está mal repartida, em todo caso, não está repartida segundo a norma edipiana, o que não acontece no caso da fobia das galinhas, em que se tem, antes, a ideia de que era hora do galo intervir.

Não é surpresa que Lacan introduza considerações sobre a relação entre saber e poder no mesmo capítulo em que comenta a fobia das galinhas. Mais precisamente, ele relata que uma ruptura entre saber e poder se produziu na história com o aparecimento da ciência e a queda dos impérios. Nos velhos impérios clássicos, existia, segundo Lacan, uma aliança orgânica entre saber e poder. Decerto, algo mudou com o novo saber da ciência. Receio que o alcance dessa tese da ruptura não seja bem compreendido por todos. Nós nos enganamos se lermos a vitória de um saber desencadeado pela ciência sobre os poderes. Erro político, pois a ciência não existe sem os poderes que a financiam — cf. "Nota italiana" —, e erro também em relação com o poder desse novo saber que é o inconsciente. É um saber que nada faz parar em seus efeitos no um por um, um saber que tem um poder, como o da ciência, mas que reduz o saber da análise a ser apenas aquilo que Lacan diz no final: "um saber que nada pode fazer". Em outras palavras, impotente, o que não é o caso do saber da ciência. A ruptura entre saber e poder não anunciava o triunfo de um sobre outro, mas, antes, uma disjunção, uma autonomização. Isso deveria nos incitar a considerar cada conjuntura onde se situa o travessão [*fléau*] da balança, mais do que deplorar o saber como um flagelo [*fléau*].

A questão aparece: há outras fobias além dessas fobias infantis? A agorafobia, por exemplo, é uma fobia mais de adultos, e Freud sustenta com firmeza a ideia do fundamento sexual das fobias. Quanto ao tabu da virgindade, ao qual ele dá grande importância, sua proximidade com a fobia foi sublinhada. Mas em que condição é possível classificar condutas para se evitar algo, e há muitas na neurose e na psicose, ao lado da fobia?

O modelo dado pelas fobias, que Freud e depois Lacan estudaram, mostra que para falar de uma fobia é preciso poder diagnosticar uma experiência inédita de gozo que o sujeito previamente recusou, temeu. Aliás, pode-se aplicar à fobia a afirmação de "A terceira": "o sintoma vem do real", do real do primeiro gozo, que, como qualquer outro real, é aquilo que "subsiste fora da simbolização"[1], mas que, de alguma forma, a solicita. Em outras palavras, fobia é a resposta sintomática ao traumatismo, como Freud o define em 1926, a saber: uma experiência, um acontecimento diante do qual o sujeito se encontra sem recursos. Sem recursos contra o poder de um real, um real que se impõe, o que eu evocava ao falar daquilo que não se comanda. Todos os primeiros anos de uma criança se passam tendo ela que aprender a comandar o seu corpo, seus esfíncteres e sua motricidade. Assim, é-lhe fabricado um corpo senhor de si mesmo, isso tem o preço de se fazer dele o que Lacan pôde nomear como um "deserto de gozo", ainda que com as zonas erógenas, às quais são creditadas um mais-de-gozar. Foi isto que chamou de "corpo civilizado". O império é inicialmente império sobre o corpo, seria preciso dizer um Umpério [*Unpire*] sobre o corpo próprio. Se não me engano, Joyce escreve *Umpire*. Esse império supõe, entre outras coisas, o domínio motor, que é um pré-requisito a todas as artes de combate, sublinhemos. No ponto extremo, está o sumô japonês: uma vida inteira consagrada aos exercícios para dominar o peso, a cabeleira e, sobretudo, a motricidade do corpo próprio, para um combate de apenas alguns minutos e que, por fim, se ganha ou se perde num piscar

---

[1] LACAN, J. (1954) Resposta ao comentário de J. Hyppolite sobre a "Verneinung". In: *Escritos*. Tradução de Vera Ribeiro. Rio de Janeiro: Zahar, 1998, p. 390.

de olhos. Faço do sumô um paradigma, mas sem ser todos sumôs, para toda criança a educação coloca o imperativo de domínio do corpo no cerne do narcisismo, e, a partir daí, o gozo que advém ao corpo como aquilo que não se comanda é forçosamente traumático. A fobia faz aparecer no imaginário o objeto a-narcísico. Esse não é o caso dos mais-de-gozar, pois eles podem se gerir, tomo esse termo, gerenciar, que está na moda, se gerencia sua oralidade, sua analidade. Mesmo a relação com o olhar e com a voz se presta a esta estratégia. Pensemos no que hoje em dia chamamos de *addicts*. A adição nada mais é do que um julgamento negativo trazido pelo próprio sujeito ou pelos outros sobre a gestão dos seus mais-de-gozar. São essas adições que um bom número de analistas confunde com uma vontade de gozo. Que contrassenso! São apenas mais-de-gozar, de forma alguma traumáticos, que podem até mesmo ser escolhidos, preferidos e que se sobressaem justamente sobre o fundo, ou antes, sobre o fundo duplo, dos gozos que não se comandam, mas que podem se tornar acontecimento, e mesmo daquele que seria a beatitude, com a qual se sonha e que falta.

É por isso que Lacan indica, contradizendo Freud, que não é porque um gozo vem ao corpo próprio que ele é autoerótico. Ele é, antes, hétero, quer se trate do gozo fálico vindo dos 1 da *lalíngua*, ou daquele que vai "das cócegas à fogueira", sem significantes, portanto, como Lacan indica em "A terceira". Em todo caso, o gozo só pode ser experimentado, o que quer dizer que ele não é imaginado e nem comandado. Isso é verdadeiro mesmo para o orgasmo, que, decerto, é um caso à parte, mas que também escapa ao comando e não se educa, embora existam suas condições fantasmáticas.

Pode-se dizer, então, que não há fobia sem efração preliminar de um gozo que fez objeção à armadura narcísica. Lacan falou de uma passagem do imaginário ao simbólico, mas o que ele descreve como imaginário, para os casos que ele comenta, é um contexto de satisfação narcísica precisamente na relação com o poder do Outro. Nesse sentido, é a um trauma causado pelo real sexual que responde a fobia.

Conclusão: nem todos os medos, mesmo quando são duráveis, são fobias. O medo de doença, por exemplo, que vai do medo neurótico à hipocondria, não é uma fobia. Ele não desloca, não organiza, não inicia nada. Da fobia ao pânico, o que difere? É o tipo de perigo, a resposta, são as duas coisas?

Pânicos

Que razões a psicanálise tem para se interessar pelos pânicos? Não podemos responder simplesmente que ela se interessa por tudo o que diz respeito aos sujeitos, pois no fundo, ela só intervém legitimamente nos sofrimentos "analisáveis" — nesse sentido, o pânico não é um psi. Sofrimentos analisáveis são aqueles que encontram sua mola propulsora no inconsciente, de qualquer forma que ele tenha sido pensado no decorrer do tempo, de Freud a Lacan. Isso é até mesmo bem legível em Freud no início, dado que, com os primeiros grandes traumas causados pelos primeiros acidentes da estrada de ferro e da guerra, a questão era saber se podíamos qualificá-los como "neurose traumática", e a palavra *neurose* estava ali justamente para questionar a implicação do inconsciente.

A conceituação de trauma que Freud produz em 1926 excede a única definição de trauma sexual, com a noção de um "perigo" real diante do qual o sujeito se vê sem recursos. É isso que ele chama de uma "situação de aflição". O pânico é o afeto da situação de aflição. Freud disse angústia, não pânico, não se trata de uma angústia qualquer, mas de uma angústia que não produz fobia, pois não se desloca em direção a um objeto significante. Bem antes desse momento de concluir, em "Inibição, sintoma, angústia", ele havia ressaltado que a "neurose traumática" era o contrário de uma neurose. Por quê? Porque falta nela o mecanismo do recalque, que ele considerou como constituinte do inconsciente. Daí sua distinção dos processos primários de descarga emocional não ligada, opostos aos processos secundários, nos quais, ao contrário, a descarga é dita ligada, pois ela se desloca ao longo das cadeias associativas — a cadeia da linguagem —, o que torna o recalque possível. Conhecemos as descrições do choque traumático, e o espanto produzido nas testemunhas diante dos sujeitos, que podem parar de pensar no trauma em estado de vigília, mas que veem-no voltar tal qual em seus pesadelos, sem deslocamento, sob uma forma quase alucinatória. Daí é possível concluir que a razão principal por que o psicanalista se interessa pelos pânicos traumáticos, razão paradoxal, é que eles fazem objeção à operação analítica.

Podemos então dizer que nem todos os pânicos são traumáticos? Decerto que sim, mas talvez os traumáticos nos deem o modelo estrutural de todos os pânicos. Essa é a minha hipótese.

O que falta ao sujeito numa situação de aflição? Outra maneira de formular a questão: quando Freud fala do "sem recurso", qual é o recurso que falta? Falta o recurso para evitar, em outras palavras, para fugir, que permite escapar. Na situação de aflição, seja ela qual for, não há escapatória. Mas há dois tipos de fuga possíveis. Primeiro, a fuga física, concreta, que está presente em bom número dos dramas coletivos. É por isso, aliás, que a solidariedade necessária ao corpo social, secreta, gera proibições de fuga. Por exemplo, para o soldado no *front* ou para o capitão do navio que afunda. Isso pode fazer um grande romance, como *Lord Jim*[2], de Conrad, com a estigmatização de todos os outros tipos de desertores, cuja face invertida é a do herói que não foge. Poderíamos desenvolver isso ao infinito.

Há, entretanto, um outro tipo de fuga, ilustrado pela fobia, a fuga pelo significante, mais geralmente, por aquilo que chamamos de discurso. Poderíamos pensar que se trata de uma ou de outra fuga, conforme o tipo de perigo. O pânico provocado pelas surpresas do real sempre desorganiza, desfaz os planos, os programas, os projetos, sejam eles os do dia, sejam os de um grupo, como nos atentados, sejam os de uma época, como na guerra. Mas não se trata do mesmo perigo em todos os casos: num, trata-se da morte de si ou dos próximos, redobrada eventualmente pelo assassinato, como nos atentados, mas isso é, ainda assim, diferente dos traumas ligados ao sexual, não é? Podemos pensar que a fuga pela linguagem e o recalque está reservada aos traumas sexuais? Não acredito, pois Freud teria demonstrado definitivamente que a relação com o 1 do chefe é o melhor "parapânico" na guerra tradicional. Dei um exemplo disso com a tirada do rei Henrique, na peça

---

[2]CONRAD, J. *Lord Jim*. São Paulo: Ed. Revan, 2002.

de Shakespeare *Henrique V*, na véspera da memorável batalha d'Azincourt, que mostra que, em certos contextos de discurso, mesmo a morte, o perigo supremo que suplanta os perigos do sexo e dos gozos do corpo próprio, até mesmo o perigo da morte pode ser enfrentado sem trauma, o chefe desempenhando para a morte o papel que o pai edipiano supostamente desempenharia para o sexo. Qual seria? Dar sentido ao sacrifício individual, quer se trate do sacrifício da vida ou do poder fálico, se seguirmos Freud. Vê-se hoje em dia isso funcionar com a jihad, nenhum dos atributos que escolhermos — fanáticos, bárbaros, psicopatas, doutrinados etc. — pode ser bem justificado; eles não podem, entretanto, apagar esse fato. Freud e Lacan insistiram muitas vezes em dizer que não podemos representar a morte. Freud conclui até mesmo que a suposta angústia de morte é apenas a angústia de castração. Sim, mas supondo-se ser esse o caso, isso não impede que da irrepresentável morte seja possível encontrar a iminência quando se é vítima, ou simplesmente a presença bem efetiva quando se é testemunha.

Podemos, então, definir aquele que está em pânico: é aquele que, diante de um perigo, fica momentaneamente, ou de forma durável, privado do recurso do discurso, por razões particulares subjetivas ou por razões gerais discursivas, que têm a ver com a época. Por exemplo, o pânico daquele que, sem apoio — familiar ou profissional —, se vê de repente no meio de um cruzamento, espaço aberto, tomado, marcado pelo sentimento de derrelito existencial, do fora de sentido de sua presença no mundo, esse pânico, que pode eventualmente tirar o fôlego, paralisar as pernas, alterar os batimentos do coração, pois bem, mesmo que ele não tenha a mesma causa que a do sujeito confrontado com o perigo de um atentado, de um tsunami etc., esse pânico não é estruturalmente diferente. Aliás, em que consistem os tratamentos coletivos padronizados dos grandes traumatismos que vêm da política, como os atentados, da natureza, com seus furacões e *tsunamis*, ou dos meios técnicos, como Tchernobyl? O que fazem os *psis* que são enviados a campo senão cercar aqueles que sofreram o choque, um por um, tentar restabelecer uma interlocução que mostre que eles não estão sozinhos, induzi-los a um esforço de restauração, digamos, do mundo deles, de seus investimentos subjetivos e sociais? Quiçá para além, anuncia-se a indenização, que é o sinal de reconhecimento do dano sofrido. E quando um presidente fala com as vítimas em nome de uma solidariedade coletiva, o que significa isso senão anunciar que eles não estão sozinhos? Aliás, é isso que demandam as vítimas, pois na biopolítica atual, o Estado e, além dele, o coletivo estão em função do Outro, como muitas vezes já expus, de um Outro que se interpela como garantidor de uma sociedade em que se possa viver — e se chega, o que é o cúmulo do cômico, até a interpelá-lo sobre um "PIB de felicidade"! Em outras palavras, fazemos entrar num envelope discursivo aqueles que se viram ejetados pelo perigo traumático, que é encontro com um real, este, por sua vez, fora de discurso. Por envelope discursivo, entendo um envelope ao mesmo tempo de linguagem e de laços, os dois caminham lado a lado. É, pois, um cuidado por meio do discurso comum. Evidentemente que não é pelo discurso da psicanálise, pois ela é o inverso disso, ela apresenta um discurso que tem condições simultaneamente subjetivas e sociais.

Perigos e recursos

Pergunta: pode um sujeito acometido de pânico recorrer a uma análise? Não digo encontrar um analista, o que acontece com frequência, mas recorrer a uma análise. Certamente não durante o estupor do pânico, que exclui o recurso à demanda; mas e depois? Seria preciso para isso que, por uma catástrofe inefável, um significante se desprenda, seja gerado, um significante a partir do qual o sujeito possa se submeter à questão de seu mais-de-gozar particular. Em outras palavras, pode-se esperar fazer desse sujeito acometido de pânico ao menos algo como um fóbico? Não há resposta geral a uma pergunta como essa, mas ela desemboca numa outra, a da desigualdade dos sujeitos diante do real, o que chamamos agora de "resiliência", para dizer que os sujeitos confrontados com os mesmos perigos não são traumatizáveis da mesma forma.

Vê-se que o termo real é aqui demasiado vago, pois o real não é uno, ou melhor, os acessos ao real enquanto o fora do discurso são diversos. Quando se trata do sexual, suas irrupções se dividem entre a emergência, de um lado, de um gozo de corpo fora do programa, como o primeiro gozar de Hans, que vai produzir o primeiro significante do inconsciente como Outro; e de outro lado, o encontro com o gozo de um outro, naquilo que chamamos de abusos sexuais, e esse é o caso das galinhas. O interesse desse caso é mostrar que o abuso sexual na criança nem sempre é pedófilo, ele pode emanar de uma outra criança. Caso representativo, que deve ser distinguido dos jogos de "troca-troca", como se diz, mais inofensivos. O que é que traumatiza nesses encontros com o gozo que não fazem relação? Isso varia. Nos casos de abuso, é mesmo o abuso ou a participação do sujeito sob a forma de uma eventual resposta de gozo experimentado? Talvez seja o abuso mesmo, quando ele revela o gozo de um adulto que era respeitado, quiçá idealizado, o que quer dizer um adulto supostamente indene do gozo. É, então, um trauma por destituição selvagem do Outro. Pode ser também o trauma da experiência de ser possuído, da impotência experimentada, portanto — é o caso da fobia das galinhas —, e depois, também, o encontro com o fenômeno do corpo fora de comando que é o gozo, o qual traumatizará o sujeito na medida do que o discurso fizer dele — ou não, pois o significante pode, de certa forma, abrandar sua estranheza, seu caráter heterocorporal.

As mesmas questões se colocam para os traumas do real não sexual. O perigo aí não é o mesmo, e seus efeitos sobre os sujeitos diferem de um caso para outro. O perigo aí não é o sexo, mas tem sempre a ver com a morte, ao mesmo tempo imposta e violenta, seja porque o próprio sujeito chegou perto dela, como se diz, seja porque perdeu seus entes próximos — aqui ainda a expressão que convoca o espaço, com a noção de proximidade. O que condiciona as respostas diferenciais dos sujeitos, o que especialmente condiciona a resiliência?

Podemos escolher o sacrifício da vida, bem como o homicídio, sabe-se bem disso. Evoca-se, então, a inumanidade, mas essa é uma possibilidade inerente à humanidade. Ela é desconhecida no mundo animal, embora nos assegurem hoje que há uma continuidade do animal ao humano. Mas seja qual for essa dita continuidade, ela não chega a abrir ao animal essa margem de escolha sem a qual a humanidade é impensável e que Lacan imputa à linguagem. Aliás, há, segundo Lacan, um "desejo de morte", que deve ser distinguido da pulsão de morte freudiana, e ele notou bem cedo que a forma mais alta disso não é a agressão homicida, ou o suicídio, mas a terceira forma, o sacrifício da vida para, cito "Função e campo da fala e da linguagem", "aquilo sem o que a vida não valeria a pena ser vivida". O que é isso, portanto, senão aquilo que se chama precisamente de valores, que — por diferentes que sejam, segundo os tempos e os lugares — se definem, todos, sempre, por transcender o valor da vida individual suficientemente para que o sacrifício possa ser considerado? Não estamos mais em 1953, estamos num outro caso representativo da civilização, no qual nada transcende a vida individual e, mais que a vida, a boa vida, e pode-se, então, calcular um PIB de felicidade. Na biopolítica laica, a vida é o valor supremo, independentemente de sua significação religiosa. O caráter sagrado da vida é uma ideia religiosa. A vida é sagrada, ela vem de Deus, o Outro transcendente, e não exclui o sangue dos mártires, como sabemos.

Tudo isso evocado rapidamente coloca em evidência a que ponto isso é levado em conta pelas civilizações, e não apenas nos inconscientes, isso é levado em conta [*ça calcule*] nas finalidades, e o cálculo [*calcul*] supõe o significante, a linguagem, a fabricação dos discursos. Esse cálculo pode ser visto principalmente desde o aparecimento da ciência, cf. a aposta de Blaise Pascal, contemporâneo ao aparecimento da ciência. A morte é aí um significante, da mesma forma que a própria vida, aliás. Quando ele calcula entre uma vida e várias, e até mesmo uma infinidade, isso supõe a redução da vida ao estatuto de um significante numerável. Mas o referente desse significante, vida, por sua vez, não é um significante, e quando ele se apresenta por efração, sob a forma de ameaça vital, não se está mais nem na hora da aposta, nem da demanda, que carrega sempre um desejo, nem da representação significante. Aquilo que se faz explodir, em um *laps* que não é o do lapso, mas da passagem ao ato, pula de um reino para o outro, daquele do significante em que ele pôde acreditar que acederia para o reino do divino, para aquele do real puro da morte, em que não há nada mais a saber.

Fator de resiliência: em nível individual, a estranha resistência aos efeitos dos traumatismos que há em alguns indivíduos independentemente das conjunturas do discurso que são "para-angústia" eventualmente. Graças a esse arraigamento na vida, levanto a hipótese de que ela tem a ver com o gozo opaco do sintoma, que é esse Um de gozo, que dispensa ter que justificar sua existência e a existência em geral, a qual não têm justificativa. Nem todo gozo é opaco, o gozo das pulsões, gozo-sentido [*joui-sens*] não o é, e, além disso, todos têm o objeto *a* como condição.

Me surpreendi com a surpresa de vocês no último encontro, que pareciam supor que o gozo coalescente e o saber gozado do qual falávamos entrariam em contradição com a falta-a-ser do sujeito e com a falta no encontro que é a repetição, o que não é o caso.

Comento frequentemente o que Lacan chamou de sentimento da vida, essa é a modalidade de atrelagem à existência mais ou menos flutuante, mais ou menos subordinada aos apegos aos objetos eletivos. No início, ele atribuiu isso à metáfora paterna, por fim, seria mais o sintoma que decide isso.

DISCUSSÃO

C. S.: Fiquei surpresa no último encontro com as perguntas de vocês sobre o que se torna o sujeito, a repetição e o objeto *a*. Para mim, estava implicitamente evidente que não há gozo, mas gozos, e que todos têm o objeto *a* como condição. O objeto *a* é o ponto de partida do falante, não há falante sem objeto *a*, sem um objeto que falte. Isso não foi colocado em questão por nada do que Lacan diz posteriormente.

A coalescência não faz objeção a isso, ela não anuncia um gozo pleno. Não há gozo sem a condição objeto *a*, e não há gozo pleno, pois todos os gozos do falante são parcializados, parciais.

O ser se goza, o que não quer dizer que ele esteja na beatitude. Trata-se da mesma coisa que ele falava antes. Compreende-se por que Lacan recorreu ao nó borromeano, que lhe apareceu imediatamente como um instrumento. Porque o exame em detalhe do nó borromeano expõe as três dimensões e permite que se veja o lado compósito daquilo que é um falante. Trata-se do Um, do Um gozado, mas não homogêneo, não há um único gozo, um único tipo, um único estatuto do gozo.

Pergunta (sobre o termo falasser *[*parlêtre*]): Quando Lacan usa o termo* falasser, *ele opera um enodamento entre corpo, gozo e objeto?*

C.S.: Sobretudo a linguagem, pois a fala a supõe. Lacan diz: "trata-se de um outro nome para o inconsciente". Por quê? É que o inconsciente "isso fala" é a tese sobre a qual ele jamais voltou, a encontramos tal qual em "Televisão", e isso justifica o *parl* de *parlêtre*, e a partir do momento em que há fala, há também a questão do ser [*l'être*], e ele acrescenta: "eu falo com meu corpo". Não é o eu [*moi*] que ele convoca com esse termo, mas o inconsciente, que é corpo. Na palavra *parlêtre*, o que está mais elidido é o próprio gozo.

Pergunta: [...] o significante fóbico, o primeiro... do Outro, isso quer dizer que o inconsciente não existiria antes de 2-3 anos, o momento da fobia?

C.S.: É uma questão que depende da definição do Outro. No início, Lacan chamou de Outro o lugar do significante e, portanto, sempre tivemos a ideia de que o Outro precedia. Foi isso que evoquei com o nascimento do Outro, de Rosine Lefort. O Outro estaria ali desde sempre. E eis que ele nos fala de um momento de nascimento do Outro. Esse Outro, que ele escreve em seu seminário *De um Outro ao outro*, é o inconsciente como lugar outro. Aliás, em *RSI* ele precisa que o Outro é matriz com dupla entrada, há o Um e o *a*.

Pergunta: [...] o inconsciente nasce numa referência à diferença entre os sexos, não apenas às pulsões parciais.

C.S.: Essa é a tese. Pode-se dizer que, antes desse primeiro gozar que produz o primeiro significante, a criança estava no banho do inconsciente parental, mas esse não era o seu inconsciente. A criança é tomada por tudo aquilo que escuta na língua materna, e há fragmentos que se depositam, palavras, acentos, outros tantos Uns, mas isso só acontece mais tarde, no momento do complexo de castração, que vai se conectar com sua ereção e, portanto, com seu gozo ligado ao sexo. Isso dá uma definição de inconsciente muito mais ligada à diferença dos sexos do que à ideia comum que se tem sobre isso.

Pergunta: O que dizer da relação entre o pânico e o gozo?

C.S.: A questão é: qual é a relação do pânico com o significante e com o gozo fálico?

A definição de pânico é que ele não tem mais relação com o significante. Isso acontece com um indivíduo que tem relação com os significantes, pois trata-se de um falante. Mas a experiência de pânico é uma espécie de experiência na qual a relação com o significante está eclipsada e, portanto, também o gozo fálico. Por vezes, a demanda é mesmo rejeitada. Foi em razão desse fora de sentido que evoquei a morte. Pode-se falar do gozo da morte. Lacan ousou falar disso: numa batalha (de corpo a corpo), ganha quem tem o maior gozo de morte, dizia ele. Seria mais justo falar de aproximação com a morte, pois, se ele morre, não ganha.

O pânico não abre uma abertura discursiva. Com frequência, as pessoas que sofreram grandes traumatismos acabam por se restaurar, elas entram no envelope discursivo, não têm mais os pesadelos que trariam o traumatismo, mesmo aqueles que voltaram dos campos de concentração — temos testemunhos.

O pânico não é um fenômeno com promessa de duração. Creio que é uma ruptura temporária na economia subjetiva do indivíduo. O pânico não é produtor. A fobia é produtora.

Pergunta: O que diferencia gozo fálico de gozo do sintoma?

C.S.: Lacan situa, num momento, o gozo do sintoma como um avatar do gozo fálico e descreve isso como um transbordamento do gozo fálico no real. A diferença é que o gozo fálico, que está ligado ao Um da linguagem, está ligado à série, isso fabrica séries. Um sintoma é fixado. O gozo fálico não é fixado, ele se desloca de significante a significante. O sintoma é uma fixão, Lacan escreve com um x para dizer que isso não se mexe.

É da mesma ordem do gozo fálico, há o Um que fixa um gozo, que, portanto, faz cessar a deriva, mas os dois são gozo do Um da linguagem; o sintoma é do Um, e o gozo fálico deriva na série dos Uns de significante.

DOZE

8 de junho de 2016

Os adventos do real

Termino falando sobre o que constituía o título do meu seminário deste ano, *Os adventos do real*, que escolhi para este ano dedicado à fobia, não sem motivo. Os dois termos merecem comentários. Quando Lacan diz "angústia afeto padrão de todo advento do real", ele os coloca no plural, pois o real não é um, ele diz isso muitas vezes. O real, segundo uma das melhores definições de Lacan, é "aquilo que subsiste fora da simbolização"[1], em outras palavras, aquilo que não deve nada à linguagem. Ora, o que não deve nada à linguagem? Duas coisas: a matéria, o inanimado, e a vida, objeto de duas grandes ciências — a física e a biologia. Os primeiros passos da episteme partiram da observação do céu, com os primeiros passos da astronomia. O céu que dava a ideia das esferas imóveis, um real que não se mexe, não sujeito ao tempo, sempre no mesmo lugar, enquanto o simbólico se movimenta, o

---

[1] LACAN, J. (1954) Resposta ao comentário de J. Hyppolite sobre a "Verneinung". In: *Escritos*. Tradução de Vera Ribeiro. Rio de Janeiro: Zahar, 1998, p. 390.

imaginário espelha. Digo *ideia do real*, pois, a partir do momento em que falamos do real, não se trata do real em si. Do real em si, não se tem ideia e nem imagem, salvo pelo fato de que ele é diferente do simbólico e do imaginário. Há, contudo, aproximações do real, "acessos" ao real, é esse o termo de Lacan, em que o real não é a coisa em si, de Kant, à qual não há acesso.

"Os acessos ao real"

O real se definindo como fora do simbólico, apenas nos aproximamos dele. Quais são as vias de acesso? De início, o encontro experimentado é a definição do traumatismo, ele cai em cima, e, em seguida, há as vias traçadas pela linguagem. Consequentemente, o real, aquele ao qual se acede, é sempre relativo aos modos de aproximação, e a própria fobia parte de um acesso a um real encontrado. Lembro a frase de Lacan que comentei que diz que a invenção do inconsciente (é a via da linguagem), em outras palavras, o advento da psicanálise, dependia da descoberta, isto é, do real encontrado, que afeta o corpo. Todo trauma, e Freud o coloca na origem da neurose, afeta, fere não o sujeito diretamente, mas o seu corpo. Não há exceção, creio eu. A fobia de Hans nos interessa especialmente por isso, pois ela parte claramente do encontro do real sexual, do encontro de um dado da vida da espécie sexuada, o primeiro gozar masculino que nada deve à linguagem, mas, ao fazê-lo passar ao significante, é advento de um primeiro fato do inconsciente-linguagem, o cavalo de gozo, o sintoma gozado constituinte do inconsciente, que não representa o sujeito, mas que determina seu gozo. A fobia, portanto, a partir do acesso por meio do encontro, inaugura uma via de acesso pela linguagem.

De fato, poderíamos discutir o uso da palavra advento [*avènement*] para o acesso ao real pelo trauma, e dizer, antes, que o choque do real, digamos, o acontecimento [*événement*] de um real somente é advento se o aporte significante a ele se acrescentar, e que o advento propriamente dito é a invenção do significante pela fobia e, em seguida, sobre esse eixo, a invenção freudiana do inconsciente e o advento da psicanálise como novo discurso.

Por que a ereção — e se tem muitas vezes colocado a questão do caso da menina? Poderíamos dizer que é porque a ereção é vista. Mas, na realidade, a diferença anatômica não aparece com a ereção, mas bem antes, na infância, só que aí é apenas uma diferença de imagem que o discurso constrói com diferentes significantes, claro. Com a ereção, o que aparece é o real, o real de um gozo ligado à diferença imaginária e simbólica entre os sexos. As teorias do *gender* podem justamente nos explicar que o sexo é uma fabricação do discurso, o que é em grande parte verdade, mas há um gozo de corpo que não é fabricado pelo discurso, o discurso se limita a lhe dar forma. Ele lhe dá forma de Um e também lhe dá sentido. Falta a essa teoria do *gender* distinguir o real do imaginário e do simbólico. A ereção é o primeiro real traumático, que produz um rasgo de real com relação ao sexo fabricado pelo discurso. Isso é muito visível no caso de Hans, que, anteriormente, já brincava de ser um homenzinho, como todo discurso incita a isso, mas, com o real do gozo, já não é mais brincadeira. Quando, então, o discurso atual busca introduzir... a paridade sexual, ele poderia justamente encontrar as objeções do real, o mesmo que Hans encontrou. Esse real do órgão se impõe, além disso, no campo da percepção comum, ele se dá a ver, não se limita ao segredo da cenestesia íntima, como a perturbação da pequena Emma. Aliás, é por isso que ele se presta ao exibicionismo, ao passo que o gozo feminino é pouco propício a isso, facilmente sujeito à dissimulação, e encontra dificuldades quando acontece de querer se exibir, pois pode apenas passar pela máscara da imagem eventualmente mentirosa. Vejam Santa Teresa, diz Lacan querendo dar um índice visível desse gozo, sim, mas não foi a Santa Teresa que se pintou, foi Bernini. E, se pudéssemos olhar a pequena Emma na loja, podemos apostar que não teríamos visto nada. Talvez um vago rubor sobre a face, mas isso nada diz do gozo real, só da perturbação do sujeito.

O termo "advento", utilizado com relação ao real, pode parecer paradoxal. Ficaríamos menos surpresos enquanto leitores de Lacan de ouvirmos falar de adventos do simbólico, até porque o termo *advento* [*avènement*] tem consonâncias muitas vezes explicitamente religiosas. Há, portanto, uma proximidade com a palavra acontecimento [*événement*], o termo designa algo que acontece, mas que não é anódino, que é decisivo, que tem, portanto, efeitos, algo memorável, que faz história, como se diz. Mas esse é também o caso do advento, ele faz história. Qual é a nuance semântica entre advento [*avènement*] e acontecimento [*événement*]? Utilizemos o sentimento da língua para marcar a linha de demarcação. Quando se fala, por exemplo, de desencadeamento de uma doença, de uma psicose, de uma fobia, de uma neurose, isso é um acontecimento eventual, não é um advento. A aparição de um vírus novo é um acontecimento que pode mobilizar o mundo inteiro, mas não se falaria do advento de um vírus, o mesmo acontece para o nascimento de uma criança, aqui se fala de um feliz acontecimento. O único caso em nossa história em que o feliz acontecimento foi um advento é o caso de Cristo. É que advento designa uma acessão a uma dignidade, advento de um rei, advento de Luís XIV, bem conhecido por todos os estudantes, a instalação de um partido ou de um regime. O Larousse diz "advento da II República", podemos também sonhar com o "advento de um mundo novo", no sentido de chegada, de ocorrência, e isso pode ser num âmbito laico, de um novo discurso. No nível religioso, temos o advento do salvador, o nascimento de Cristo, sua chegada ao mundo dos homens, e na linha messiânica de São Paulo, seu readvento, de alguma forma, no fim dos tempos. Ocorreu-me falar do acontecimento Freud, mas não poderia dizer o advento de Freud; por outro lado, não seria impossível falar do advento da psicanálise. Advento é sempre um primeiro acontecimento positivo, que se saúda, o que não é o caso do acontecimento (os sinônimos e os antônimos citados pelo dicionário de língua francesa mostram isso de maneira evidente)[2], uma nuance do *Aufhebung* no advento que implica uma emergência no simbólico. Essa nuance faria objeção a que a ereção seja um advento, ela é apenas um acontecimento propício ao advento do significante.

[2] Nota da tradutora: Os de língua portuguesa também.

Outros adventos do real

Nas vias de acesso ao real que passam pela linguagem, a primeira de todas é a ciência, na qual se acede ao real pela via das pequenas equações. Esse real é um real diferente daquele do inconsciente sem sujeito, o qual, decerto, é linguagem, mas também é gozo, e ao qual se tem acesso por meio da psicanálise. As ciências passam pelas equações, digamos, números ou pequenas letras, mas o inconsciente também, dado que o significante, embora pesado de sentido, é numérico. Esse é o ponto comum. O que difere é o real do qual eles tratam: o inanimado, a matéria, para a física; a vida, para a biologia, a vida em geral, da bactéria às espécies superiores, em todo caso, a vida não falante; enquanto a psicanálise se ocupa dessa parte dos seres vivos que é parasitada pela linguagem. Desafio entre a biologia e a psicanálise quanto a isso. Há "o real real", diz Lacan em *O triunfo da religião*, o verdadeiro real, e é "aquele ao qual podemos ter acesso por um caminho bem preciso, que é o caminho científico, é o caminho das pequenas equações"[3] ou pelas letrinhas. Ora, nas pequenas equações, não há lugar para o sujeito da subjetividade, não há tampouco lugar para os gozos do corpo regulados pelo inconsciente. Esse real da ciência é um outro real, diferente daquele do inconsciente, em que "isso fala", decerto, mas sem sujeito, com o corpo. Os "fatos do inconsciente" dos quais nos fala Lacan em "Televisão" indicam um "outro saber, em um

---

[3]LACAN, J. *O triunfo da religião, precedido de Discurso aos católicos*. Tradução de André Telles. Rio de Janeiro: Zahar, 2005, p. 76, tradução modificada.

outro lugar", diferente do da ciência, assim como dizia a "A nota italiana".

Foi a propósito da ciência que Lacan falou dos "adventos do real". Retenho duas ocorrências, uma em "Televisão", a outra em "A terceira". Em "Televisão", trata-se da física e das ciências da vida, da biologia. Em "A terceira", trata-se evidentemente de uma outra coisa, à primeira vista diferente do gozo, mesmo porque, se a ciência foraclui o sujeito em sua aspiração àquilo que ela chama de objetividade da prova, foraclui também o inconsciente, que é corpo falante.

Ressalto inicialmente o quanto as referências de Lacan à ciência, muito numerosas a partir de 1970, têm uma tonalidade diferente da dos anos anteriores. Antes, a ênfase estava no modelo que ela constituía em matéria de transmissão, e Lacan lhe atribuía a patente da transmissão integral que falta à psicanálise. Daí em diante, a ênfase recai sobre os seus efeitos mais nocivos. Ele já havia destacado a foraclusão do sujeito, que condicionava seu saber, até mesmo sublinhou "a tirania do saber" e "as coisas perturbadoras na vida de cada um"[4] que ela vai introduzir. Mas, cuidado, isso não quer dizer que ela vai triunfar. No último encontro, evoquei a disjunção, ele diz rasgo, entre saber e poder, que Lacan diagnosticou em *De um Outro ao outro*, no capítulo XX, mas isso não era para dizer que há dominância de um sobre o outro. Esse não é o caso, e seria inapropriado e fácil

---

[4]LACAN, J. Conferência de imprensa no Centro cultural francês (Roma, 29 de outubro de 1974). Volume editado por Patrick Valas.

demais fazer vibrar essa corda de um suposto triunfo do saber sobre o poder, ainda que fosse porque a ciência está assujeitada ao poder do financiamento. Lacan diagnostica tão pouco um triunfo do saber sobre o poder que, nos textos que evoco, há justamente o inverso, ele anuncia o fracasso da ciência diante de um dos numerosos poderes que permanecem e, justamente, o poder de um certo real. Voltarei a isso.

O advento do real é evocado na resposta à questão "O que posso eu saber?", em "Televisão", p. 534 de *Outros escritos*, e é a alunissagem, o homem sobre a lua, que ele também nomeia "irrupção de um real". Cito a p. 535: o "discurso científico ter sucesso na alunissagem, na qual se atesta, para o pensamento, a irrupção de um real". Ele acrescenta: "ao entrar o discurso político — atente-se para isso — no avatar, produziu-se o advento do real, a alunissagem [...]". Eis o que vai confirmar isso que acabo de dizer, disjunção, rasgo entre saber e poder, não significa dominação da ciência; ao contrário, é o discurso político que tem o poder de dar à ciência seus objetivos por meio dos financiamentos. É assim, aliás, que a ciência dá saltos em tempos de guerra — cf. sobre esse ponto "Nota italiana". A alunissagem, um real, portanto. Fiquei surpresa com essa tese, pois da física, com suas aplicações que se diz técnicas, tinha mais uma ideia de que ela assegurava a irrupção de novas realidades, dessas "coisas perturbadoras" por meio das quais ela toca justamente nas fantasias que estruturam essa realidade, oferecendo-lhe novos objetos para gozar. Por que, então, subitamente é advento... *do real*? "O real, por pouco que a ciência nele coloque algo de seu, é algo novo"⁵, sem dúvida. Decerto, pela primeira vez as esferas celestes intocáveis foram tocadas, mas creio que há mais: o real fora do simbólico do céu, digamos, a matéria, mostra-se sujeito à linguagem, o mais real da linguagem sendo o número, como se a natureza fosse escrita em linguagem matemática e a matéria fosse elevada ao número, da mesma forma como na fobia o gozo é elevado ao significante.

Aliás, mal situa a alunissagem como real, Lacan passa àquilo que chama de "os fatos do inconsciente"⁶, lembra que o inconsciente "engrena sobre o corpo"⁷ e se distingue, portanto, dos fatos da ciência de 1960, em que o número engrena sobre a matéria. Vêm em seguida os grandes desenvolvimentos sobre o gozo, os homens e as mulheres, o amor etc., outro real que não é aquele simplesmente da vida, mas que não existe sem a vida. Eis o que ilustra os dois tipos de reais — o da ciência e o da psicanálise.

Não sem o gozo

Entretanto, não é preciso se deter aí, nessa divisão entre dois reais, condicionados por dois acessos, as equações ou a fala. Por quê? Porque a ciência, e até mesmo a ciência dura, a física, com seus adventos do real, não deixa de ter efeito de gozo. O foguete e depois o homem sobre a lua não são apenas performances técnicas inauditas, são

---

⁵*Ibid.*
⁶LACAN, J. (1973) Televisão. In: *Outros escritos*. Tradução de Vera Ribeiro. Rio de Janeiro: Zahar, 2003, p. 535.
⁷*Ibid.*

explosões do gozo do poder, o homem, enfim, senhor da natureza, como dizia Descartes. Triunfo do gozo fálico, aquele fora do corpo que os Uns da linguagem estruturam, aquele que sustenta todas as competições entre rivais, pois o que seria do poder sem a dominação? Não é isso que escutamos por toda parte, vemos em todas as telas e que explica o tom de entusiasmo exaltado com o qual os pesquisadores comentam geralmente os grandes acontecimentos da ciência, e que para toda orelha não muito entupida ressoa a jubilação do triunfo? Sem dúvida, triunfo do desejo de saber, não há limite à idealização do cientista em nosso mundo, mas trata-se de um saber, o saber da ciência, que está a serviço do poder, que, de certo modo, serve ao narcisismo da humanidade. A alunissagem amplia o perímetro de nossa realidade, mas esse gozo, fálico, sem dúvida, é um real que deve ser situado na intersecção das pequenas letras da ciência e do real do gozo. Bem longe de se dizer que o saber da ciência suplanta o poder, ele permite que se goze disso de uma forma nova, renovada. A alunissagem era justamente um "advento do real" que atesta, para além do número e da matéria, a coalescência do número e da substância de gozo. Aliás, não há apenas a lua. Há a televisão e todos os *gadgets*. Todos eles nos devoram. "Radiofonia" dizia que eles nos exploram. Em todo caso, eles nos captam, o que quer dizer que apanham nosso gozo como tantos outros mais-de-gozar, novos e reais, com a dupla qualidade da novidade e do gozar. O gozar, esse outro real para o qual não há equação possível, especialmente quando se trata do sexo. Esse é o limite do calculável, não da equação do casal em particular, mas também não da equação do núcleo de gozo opaco próprio ao sintoma de cada um, e é isso que leva Lacan a dizer que os *gadgets*, esses mais-de-gozar supletivos, não prevalecerão, uma vez passada a novidade. O prognóstico se funda aqui no saber do analista no que diz respeito ao estatuto do gozo dos falantes. Volto-me agora para "A terceira". Mais de um ano depois de "Televisão", Lacan volta a falar em "advento do real" em "A terceira", chega até mesmo a evocar o "porvir [*avenir*] do real", para dizer que ele não depende da psicanálise, mas que ela deve, antes, agir contra ele, o que produziu muita incompreensão. É um real que poderia se entusiasmar e ir fundo, sobretudo depois do "apoio da ciência", e ele evoca a angústia, não qualquer uma, mas a dos sábios. É ela que mostra que a angústia é o "sintoma-padrão de todo advento do real". Sintoma aqui deve ser entendido como sinal do advento do real. Há variantes no estabelecimento do texto de "A terceira", mas o áudio é confiável, e lá está justamente "advento" de real, que Lacan pronunciou claramente. Ele já havia falado de advento do real no parágrafo precedente.

A ciência "impossível"

Paralelamente a "A terceira", é preciso ler a conferência de imprensa no Instituto francês de Roma. As duas se completam. Encontramos nela uma tese que me espanta que não se dê mais importância: a ciência, diz ele, é tão impossível quanto governar ou educar. A ciência, impossível. O que dizer senão que ela não pode dominar seu objeto, da mesma forma que acontece com o político ou com o educador, e até mesmo com o psicanalista? A única coisa que mostraria que a biologia domina o seu objeto, que ela aí é mestre, seria se ela conseguisse destruí-lo, ao destruir a própria vida (por meio da proliferação das bactérias).

Ela não conseguirá chegar aí, segundo Lacan. Em outras palavras, as pequenas equações que conseguem ser bem-sucedidas na física, se tornando mestres do cálculo dos planetas, não vão conseguir o mesmo nas ciências da vida, a experiência analítica prova isso, diz Lacan.

Em que ela prova isso? Pois bem, ela o prova porque a experiência analítica também se ocupa do real, ou seja, "daquilo que não vai bem" na vida. Aquilo que vai bem é o que se chama mundo, algo que gostaríamos que ficasse estagnado, sem obstáculos, da mesma forma que os planetas. E de fato, a ciência biológica não visa nada além de arrumar aquilo que constitui a intranquilidade dos seres humanos, aquilo com o que eles sofrem genericamente, de se saberem mortais, sujeitos às doenças e às infelicidades diversas. E a ficção científica sonha com um mundo em que as causas da angústia seriam riscadas, onde reinaria uma apatia universal, liberada das preocupações, das preocupações do trabalho, do sexo e da finitude, ao qual a religião dá sentido, desde o mito do Jardim do Éden.

Aquilo que não funciona e que serve de obstáculo ao projeto científico é, de início, a morte individual e, depois, aquilo de que se ocupa a psicanálise, esse outro real que é o gozo próprio ao falante e para o qual não há pequenas equações, somente, ainda assim, a "conjunção de Kant com Sade", que assinala a não relação sexual.

Ressalto que é paralelamente a este prognóstico sobre a impossibilidade da ciência e seu fracasso anunciado que Lacan vislumbra o sucesso ou não da psicanálise. As duas questões são solidárias. A biologia não terá sucesso; e a psicanálise terá sucesso? Com esse fio condutor, as expressões supostamente enigmáticas de "A terceira" se aclaram, com a condição, claro, de não nos esquecermos de que há vários reais que devem ser precisados em cada caso. A biologia sonha com uma trans-humanidade sem anomalias, nem mesmo morte individual, mas ela fracassará em amainar aquilo que constitui o destino do falante, a saber, as anomalias de seu gozo, que poderia dizer ser anormal, fora da norma animal, *a-normanimal*. A psicanálise surgiu, foi necessitada como um sintoma na civilização da ciência, em outras palavras, como um recurso. Mas pedimos que ela impeça a infelicidade/má hora (*mal-heure*, que se escreve com duas palavras), esperamos que ela impeça esse real do gozo anormanimal. Se ela satisfizesse essa demanda, não teria mais razão de ser, teria tido sucesso em fazer o que sonha a ficção científica. A ficção científica da qual fala Lacan é apenas uma pequena parte da ficção científica, não a da guerra entre os mundos, mas a dos mundos fictícios onde a infelicidade [*malheur*] seria vencida, a que sonha com a apatia universal. Aquela em que as pesquisas sobre o trans-humanismo fazem passar ao ato com o grande reforço de enormes financiamentos. Se a psicanálise fracassa em reduzir esse desejo do ser vivo sexual como se pede a ela, o que está muito certo, ela poderá permanecer como um sintoma da verdade do *falasser*. A psicanálise depende do advento do real pela biologia, e não o inverso. Depende disso, porque tem a ver com um outro real, o do gozo, um gozo que se põe atravessado no projeto científico da apatia universal. Compreende-se por que Lacan questiona o que seria um gozo de vida. Seria aquele que não suporia o significante, que, portanto, não teria como condição o objeto *a*, aquele que se pode apenas imaginar, pois quando Lacan fala de gozo, é sempre questão de um gozo mortificado, estrangeiro ao prazer, o gozo próprio do inconsciente *falasser*, que se coloca atravessado nas homeostases dos domingos da vida.

Conclusão: todos os "adventos do real", tão diversos quanto possam ser, tocam o campo do gozo. Mostrei isso por meio daquele em que isso é menos evidente, o da alunissagem, isso é verdade para os adventos da biologia, com todos os novos tratamentos que ela faz resplandecer e dos quais esperaríamos que erradicassem os adventos de gozo dos *falasseres*, e isso é verdade para a psicanálise, que trata esses adventos chamados de sintomas. Os sintomas de gozo vêm do real, duplamente do real — do real da não relação, cuja tomada da palavra sobre o corpo é responsável, e do real dos Uns de gozo opaco, que fazem suplência a ele.

Estrutura dos adventos do real

Posso dar a estrutura de um advento do real nos diversos campos que evoquei, a saber, a psicanálise e as duas grandes ciências — a física e a biologia. No advento do real, seja ele qual for, o que advém é a conjunção, a coalescência, de um real fora do simbólico com a linguagem e seus Uns. Na física, aquilo que chamamos de *matéria* revela-se sujeita ao número, o número que é o real dos significantes fora de sentido de *lalíngua*; na biologia, é a vida que se mostra sujeita às pequenas letras, o que a mortifica. O que acontece com a psicanálise? O real fora do simbólico que a concerne não é a vida, mas essa parte da vida que é o gozo do ser vivo enquanto sexuado. Ocorre que, com efeito, no nível das espécies ditas superiores, a substância gozante é bipartida, repartida segundo o *sex ratio*, que é um dado da vida, ligado à reprodução pelas vias do sexo. Parêntese: é, sem dúvida, isso que explica a fascinação dos humanos pela vida animal. O próprio Lacan, em *De um Outro ao outro*, para especificar a relação do obsessivo com a questão do sexo, nada encontra para convocar além do fato de que, ao natural, na vida selvagem, o macho é o mestre, mestre, na verdade, na copulação e na ordem das sociedades animais, e é a isso que Lacan deve se referir para situar o desejo do obsessivo, que, diz ele, não quer ser o mestre. O primeiro advento do real é justamente esse que Hans encontrou e que se torna advento do real por coalescência com o significante. Nesse sentido, o próprio sintoma é um "advento do real" próprio a cada falante. É no um por um, foi isso que Freud colocou em evidência a partir do modelo da fobia. Um sintoma é um Um de Gozo ou um Um gozado, não qualquer um, e cujo sentido não importa. É desse real que a psicanálise partiu desde os seus primórdios. A psicanálise nasceu de um primeiro advento do real, ela própria é um advento, um novo traquejo [*savoir y faire*] com o advento do gozo.

O que faz a psicanálise confrontada com o real do sintoma? Ela recorre ao sentido, dizemos. Sim, mas recorrer ao sentido é recorrer ao significante. Cada significante tem sentido, mas cada significante é também um Um, um de pura diferença, cifra 1, fora de sentido. As duas dimensões do sentido e da cifra estão presentes em qualquer significante, ligadas, portanto, mas heterogêneas. Consequentemente, quando se fala do significante gozado, da famosa coalescência, de qual gozo se trata? Dois gozos estão aí enodados, o do sentido — já que as palavras têm um sentido —, Lacan insiste muito nessa dimensão imaginária do significante fóbico, e a dos uns, das cifras que cada significante é — a mesma que Lacan chama de gozo fálico. Quando fabricamos uma mensagem cifrada, nos damos conta de que um significante vale tanto quanto um outro, eles são substituíveis, não em razão de seus sentidos, não porque seriam sinônimos, mas porque cada um é um Um de pura diferença. A propósito da decifração inventada por Freud, que ele próprio utilizava, por sua vez, para fazer ao término da decifração uma interpretação de sentido, de gozo--sentido [*joui-sens*], Lacan diz em "Televisão": o gozo não está no término da decifração, mas na própria decifração. O efeito terapêutico deve ser interrogado. Na psicanálise, vai-se de significante em significante, tanto no nível da fala do analisante quanto no nível da decifração, da série decifrada. Procede-se, portanto, por deslocamento de gozo na série. A fobia já deslocava, mas resolver a fobia por meio da exaustão dos significantes que a cercam não é resolver o medo, como bem se sabe, particularmente, quando se trata do temor da castração. Digo a fobia, mas o lapso vai igualmente de um significante a outro, daquele que era esperado àquele que aparece. O lapso é como a mensagem cifrada, um significante por outro. Nem todos têm o mesmo sentido, e, àquele que diz minha mãe em lugar de minha mulher, dizemos, fazendo-nos de espertos: ah, ah! Eles não têm o mesmo sentido, mas é a mesma coisa, o mesmo real do Um, e podemos dizer, como Lacan, que o outro significante, enquanto Um, não é outro em nada, pois são dois Uns e nada mais. Significante gozado é sempre um duplo gozo, bipartição do gozo entre o sentido-gozado [*sens-joui*], com o qual se pode deliciar, tranquilizar também, e depois, o gozo da cifra, que suporta os significantes fora de sentido, real, portanto. "Na cifração está o gozo"[8] fálico. Lacan

---

[8]LACAN, J. (1973) Introdução à edição alemã de um primeiro volume dos *Escritos*. Tradução de Vera Ribeiro. Rio de Janeiro: Zahar, 2003, p. 553.

representa os dois gozos disjuntos na avaliação do nó borromeano, mas eles estão juntos em qualquer significante, pois ele carrega ao mesmo tempo gozo do sentido e gozo do um fora de sentido. Nesse caso, o gozo do Um fálico é como o veículo do gozo do sentido.

Compreende-se o caminho que vai de Freud a Lacan. No início, há a invenção do inconsciente decifrável, que foi sugerida a Freud pelo sintoma fóbico, com a coalescência de seu significante e do primeiro acontecimento de gozo do corpo sexuado. No final, temos a tese que diz: o inconsciente é que o ser, ao falar, goza. Coalescência do significante e do gozo. Ao falar, o analisante consome o gozo do sentido, mas, ao desdobrar o sentido, ele consome também o gozo cifrado, fálico. No fundo, uma psicanálise — e ela só tem início se a questão do trauma como causa primeira for colocada —, uma psicanálise faz derivar o gozo a partir de seu primeiro significante. Donde a questão do término e, portanto, da visada do ato, pois essa deriva do gozo cifrado não tem um término intrínseco. A referência idealizante ao *gay savoir* não nos deve enganar quanto a isso: gostar disso é, decerto, favorável para o percurso, mas não permite sair dessa e nem mesmo de entrar nessa sozinho. Não nos damos conta disso imediatamente na psicanálise, sem dúvida em razão dos efeitos terapêuticos, e, no fundo, foi Lacan que fez da saída do dispositivo, mas também da entrada, um problema propriamente analítico.

DISCUSSÃO

Pergunta: Será possível dizer que se começa a análise com o significante do trauma fora de sentido e que se termina com o significante do sintoma de fim fora de sentido?

C.S.: Sim, é possível, mas há uma dificuldade com a fórmula: já que foi o significante fora de sentido que fez começar, por que ele faria cessar? Começa-se com o significante fora de sentido do traumatismo ou de um derivado porque ele faz sofrer. O problema é que, chegado ao final, não se deixou de sofrer, mas sofre-se de forma diferente, há sofrimentos que desaparecem, outros, por vezes, aparecem, outros, ainda, que não se alteram. Está-se sempre com o pequeno estoque de sofrimento próprio a cada um, não o mesmo para todos, há sujeitos que têm um estoque mais pesado que outros.

Como, de repente, o fora de sentido constituirá a solução? No entanto, é isso que diz Lacan. Ele não diz que a análise termina pela identificação com o sintoma. Ele diz que aquilo que de melhor se pode fazer depois de anos de análise é se identificar ao significante fora de sentido do sintoma, isto é, àquilo que sobra de sofrimento, sofrimento opaco ao término do processo, se assim posso dizer. Lacan não apresentou isso como uma saída que se produz em todos os casos ou automaticamente.

Pergunta: Então, por que isso cessa?

C.S.: A única resposta, como já desenvolvi, que encontro formulada em Lacan é a que ele dá em "O prefácio...", e ela convoca a duração. Ele descreve a fase da análise, passados os primeiros tempos. De um lado, a elaboração da verdade do sujeito, isto é, da transferência, portanto, de gozo-sentido [*joui-sens*], que acompanha o caminho da verdade, mas ela própria, a verdade, jamais toda, sempre inacabada, frustrante, portanto. De outro lado, de tempos em tempos, paralelamente, um vislumbre do fora de sentido, irredutível, mas isso não constitui um final. Constitui uma alternância sentido/vislumbre do fora de sentido... Ele diz: há uma forma de equilibrar esse emaranhado, de fazer alternar, que, com o tempo, traz satisfação. Um novo afeto, portanto. É a ideia de que há uma nova satisfação que aparece. Não é apenas isso — e não aproveitamos suficientemente essa dica de Lacan —, não é somente isso: nos constituímos no fora de sentido, fazemos a nós próprios aí, nos identificamos e aceitamos isso. Ele diz: há uma forma de equilibrar que produz eventualmente uma satisfação que permite o fim, e a urgência é produzir essa satisfação.

(Pergunta em espanhol)

C.S.: Essa é uma questão sobre a relação entre o saber da ciência — o qual fazia vocês notarem que Lacan diz que ela vai fracassar — e o gozo. Ele está sozinho ao dizer que ela vai fracassar, pois, em nossa civilização, quem é que anuncia o fracasso do saber da ciência?

O saber da ciência estaria submetido ao poder político, isso é um fato político, mas depende também, mais que do desejo de saber, do gozo de saber.

Pergunta: Mas qual é o gozo implicado?... gozo dos Uns, fálico, nos gadgets? Como ele consegue captar o gozo dos sujeitos?

C.S.: É o gozo fálico, claro, gozo daquilo que se representa como poder. Isso é uma questão para o mercado. O que se perguntam aqueles que querem vender, que inventam um novo produto, que criam uma *startup*? Explicam para nós com exaltação, no rádio, que tal que produziu um negócio inútil se encontra na bolsa depois de tão poucos anos. É uma questão de atualidade, não apenas uma questão da qual fala a psicanálise. Como conseguir fabricar algo que capture gozos, os *gadgets*, os mais-de-gozar, que cativem novos desejos? Em todo caso, quer sejam produtores ou consumidores, trata-se do gozo fálico.

Lacan pôde dizer que o gozo fálico faz função de sujeito, o gozo dos Uns que faz função de sujeito é o gozo "castrado", é seu termo, não todo. Quando Lacan escreve Falo, com maiúscula, ele diz "gozo impossível de ser negativado", mas principalmente porque ele já está negativado, negativado pela estrutura formal do Um, um gozo em falta, correlato à busca do mais-de-gozar. Faço referência ao texto ...*ou pior* no início de *Scilicet 5*. Não é um gozo que faz com que nos detenhamos preenchidos. Pelo contrário, ele faz correr, é de tal forma não pleno que faz com que se corra atrás da esperança de um pouquinho, pois sempre se quer mais um pouquinho. Ele pode satisfazer, dar alguns ímpetos, momentos que chamei de triunfo a propósito da alunissagem, mas esse não é um gozo sobre o qual se pode repousar, ele está mais em sintonia com a *schlague* superegoica.

(*Pergunta sobre uma frase que Lacan profere no mesmo texto, em que ele diz, ao falar da lógica, à qual deu grande importância, que é a psicanálise que a eleva a ciência do real*).

C.S. Esta frase implica que a lógica não é a ciência do real, já que é preciso a psicanálise para fazer dela a ciência do real. Com efeito, a lógica é puramente formal, dado que ela tenta excluir todos os conteúdos, axiomatizar, utilizar apenas símbolos que nada designam e regras de combinatória puramente formais. Ela é a ciência do real definido como o impossível de ser demonstrado, mas, em si mesma, é vazia. É como a matemática, da qual Russel dizia que não se sabe do que se fala nem se aquilo que se diz é verdadeiro. Entretanto, por pouco que se aplique a lógica a um campo de objetos especificados, por exemplo, aos objetos aritméticos, como fez Peano, então ela adquire sua eficácia. Na psicanálise, a lógica da linguagem regula o ser vivo, o gozo falante. É esse real, próprio à psicanálise, que faz da lógica a ciência do real. Sem o gozo, dizia Lacan, "basta a lógica matemática para fazer transformar em superstição o ceticismo"[9] e concluir que nada podemos saber.

Pergunta: Eu acreditava que a ciência do real era lógica, porque ela nos coloca diante do impossível.

C. S.: Durante muito tempo, Lacan buscou o real por meio do impossível, ele considerou que a lógica era a ciência do real, porque conseguia demonstrar impossíveis. Mas, na vida libidinal, definir os impossíveis é muito difícil; encontra-se apenas impotências e limites, o que não é a mesma coisa.

Há várias definições de real no ensino de Lacan, ele lembra todas em "A terceira", pois está acrescentando uma terceira: a vida. A primeira definição o situa por

LACAN, J. (1970) Radiofonia. In: *Outros escritos*. Tradução de Vera Ribeiro. Rio de Janeiro: Zahar, 2003, p. 426

seu lugar, a segunda, pelo impossível, e essa é a mais conhecida, a mais assimilada. Mas, no nó borromeano, quando ele escreve a volta do real, é algo diferente: a vida enquanto fora do simbólico. Onde colocar o impossível no nó borromeano? Seríamos obrigados a colocá-lo na volta do simbólico, somente ali é possível demonstrar o impossível. Não no imaginário, onde não se demonstra.

Pergunta: Qual a diferença entre gozo e a emergência de uma nova satisfação?

C.S.: É uma questão frequentemente levantada e que se apresenta. A satisfação é um fenômeno do sujeito. A partir do momento em que falamos de gozo, o corpo vivo está implicado, pela imagem do corpo, pelo corpo imaginário. Quando se diz *satisfação*, é o sujeito que está satisfeito ou insatisfeito. Não são coisas do mesmo nível. A satisfação não é um fenômeno do inconsciente, é um fenômeno que se passa no nível daquilo que se chama de sujeito consciente. Lacan se perguntava: o que se ganha com assumir uma parte do inconsciente no nível do consciente? A satisfação está no nível da consciência ou não está. Não iremos retomar os caminhos em que Freud se enredou um pouco ao falar de sentimento inconsciente, de culpa inconsciente. Um afeto, seja ele de satisfação, é forçosamente consciente, no sentido de experimentado. Por consequência, o sujeito pode dar testemunho disso diretamente, não temos necessidade de interpretá-lo.